K. M. Frick / R. Brueck
**Kurzinterventionen mit Motivierender Gesprächsführung**

D1723435

K. M. Frick / R. Brueck

# Kurzinterventionen mit Motivierender Gesprächsführung

Mit 7 Abbildungen und 15 Übungen

Deutscher Ärzte-Verlag Köln

Dipl.-Psych. Katrin Michèle Frick
Waldenserstraße 7a
10551 Berlin
E-Mail: info@psycho-login.eu
www.psycho-login.eu

Dr. phil. Rigo Kurt Brueck
1735 Caudor St.
Encinitas, CA 92024
USA
E-Mail: rigob@gmx.net
www.ucan2.eu

ISBN 978-3-7691-0585-8
aerzteverlag.de

**Bibliografische Information der Deutschen National-bibliothek**
Die Deutsche Nationalbibliothek verzeichnet diese Publikation in der Deutschen Nationalbibliografie; detaillierte bibliografische Daten sind im Internet über http://dnb.d-nb.de abrufbar.

Die Wiedergabe von Gebrauchsnamen, Handelsnamen, Warenbezeichnungen usw. in diesem Werk berechtigt auch ohne besondere Kennzeichnung nicht zu der Annahme, dass solche Namen im Sinne der Waren-zeichen- oder Markenschutz-Gesetzgebung als frei zu betrachten wären und daher von jedermann benutzt werden dürften.

**Wichtiger Hinweis:**
Die Medizin und das Gesundheitswesen unterliegen einem fortwährenden Entwicklungsprozess, sodass alle Angaben immer nur dem Wissensstand zum Zeitpunkt der Drucklegung entsprechen können.

Die angegebenen Empfehlungen wurden von Verfassern und Verlag mit größtmöglicher Sorgfalt erarbeitet und geprüft. Trotz sorgfältiger Manuskripterstellung und Korrektur des Satzes können Fehler nicht ausgeschlossen werden.

Der Benutzer ist aufgefordert, zur Auswahl sowie Dosierung von Medikamenten die Beipackzettel und Fachinformationen der Hersteller zur Kontrolle heranzu-ziehen und im Zweifelsfall einen Spezialisten zu konsul-tieren.

**Der Benutzer selbst bleibt verantwortlich für jede dia-gnostische und therapeutische Applikation, Medikation und Dosierung.**

Verfasser und Verlag übernehmen infolgedessen keine Verantwortung und keine daraus folgende oder sonstige Haftung für Schäden, die auf irgendeine Art aus der Benutzung der in dem Werk enthaltenen Informationen oder Teilen davon entstehen.

Copyright © 2010 by
Deutscher Ärzte-Verlag GmbH
Dieselstraße 2, 50859 Köln

Umschlagkonzeption: Hans Peter Willberg und Ursula Steinhoff
Manuskriptbearbeitung: Gabriele Preetz-Kirchhoff
Titelgrafik: Bettina Kulbe
Satz: Plaumann, 47807 Krefeld
Druck/Bindung: Warlich Druck, 53340 Meckenheim

# Die Autoren

**Katrin M. Frick,**
Diplom-Psychologin, leitet das Psychologenportal und den Psychotherapie-Informations-Dienst der Deutschen Psychologen Akademie des Berufsverbandes Deutscher Psychologen und ist freiberuflich in Beratung und Weiterbildung tätig. Von 2002 bis 2008 war sie wissenschaftliche Mitarbeiterin in der Suchtforschung an der Abteilung für Psychiatrie am Universitätsklinikum Freiburg.

**Dr. phil. Rigo K. Brueck**
ist international tätig als freiberuflicher Therapeut, Dozent und Suchtforscher. Er studierte klinische Psychologie an der Antioch University und der University of New Mexico in den USA, wo er seit über 25 Jahren seinen Wohnsitz hat, und promovierte an der Albert-Ludwigs-Universität in Freiburg. Er übersetzte die zweite Ausgabe des Standardwerks von Miller & Rollnick „Motivierende Gesprächsführung" ins Deutsche. Zusammen mit Karl Mann und Katrin Frick veröffentlichte er das Manual zur alkoholismusspezifischen Psychotherapie.

# Vorwort

Motivierende Gesprächsführung oder Motivational Interviewing (MI) fand seit der Entwicklung in den Achtzigerjahren mittlerweile weite Verbreitung in vielen Bereichen des Gesundheitssektors. Ausgehend vom Einsatz im Suchtbereich, in dem diese respektvolle Gesprächsführung nunmehr als State-of-the-Art-Methode fungiert, kamen zunehmend weitere Anwendungsgebiete hinzu, wie beispielsweise die Förderung der Medikamenten-Compliance bei lebensbedrohlichen Krankheiten. Da das Verfahren grundsätzlich bei allen gesundheitsrelevanten Themen eingesetzt werden kann, die mit einer Veränderung des Verhaltens einhergehen, ist es für viele medizinische Fachbereiche attraktiv geworden. Denn unzählige gesundheitliche Probleme resultieren aus gesundheitsschädigendem Verhalten oder werden durch dieses verschlimmert. Ein zentrales Problem im klinischen Alltag ist jedoch der notorische Mangel an Zeit. Hier können besonders die im Buch vorgestellten Kurzinterventionen ein effizientes Mittel darstellen.

Ziel des vorliegenden Buches ist es, eine Einführung in Grundlagen und Kurzinterventionen der Motivierenden Gesprächsführung zu geben. Es richtet sich primär an Ärzte oder andere Personen in medizinischen, pflegenden, therapeutischen oder beratenden Berufsgruppen ohne besondere Vorkenntnisse in Gesprächsführung. Die Beispiele orientieren sich an typischen Fragestellungen und Situationen in der allgemein- oder fachärztlichen Praxis bzw. des Stationsalltags. Den Autoren war es ein Anliegen, ein überschaubares, praxisrelevantes und leicht zu erarbeitendes Handbuch anzubieten, das durch knappe, aber präzise Vorstellung die zentralen Inhalte der Motivierenden Gesprächsführung vermittelt. Zielgruppenorientiert soll dieses Buch in allen Stadien der Lektüre und Bearbeitung zur direkten Anwendung im klinischen Alltag befähigen und anregen. Leserinnen und Leser seien ausdrücklich ermuntert, die präsentierten Inhalte direkt umzusetzen, das Gelernte auszuprobieren und erste Erfahrungen im Umgang mit der Motivierenden Gesprächsführung zu machen.

Ein Wort zum Gendergebrauch: Neben der aus Gründen der Lesbarkeit präferierten Pluralformulierung werden gelegentlich auch geschlechtsspezifische Formulierungen benutzt. Es sind jedoch immer Personen beiderlei Geschlechts gemeint – Ärztinnen und Ärzte, Patientinnen und Patienten, Klientinnen und Klienten, Therapeutinnen und Therapeuten, Beraterinnen und Berater etc.

Last but not least noch eine Danksagung: Motivierende Gesprächsführung wird nicht zuletzt in der Anwendung erlernt, quasi mit und von unseren Klienten. Und so möchten wir einen besonders herzlichen Dank an all die Patientinnen und Patienten richten, die wir im Uniklinikum Freiburg und anderswo begleiten durften und die uns die Motivierende Gesprächsführung erst richtig beibrachten.

*Berlin und Encinitas, im Juni 2009*
*Katrin M. Frick und Rigo K. Brueck*

# Inhaltsverzeichnis

# 1 Einführung

## 1.1 Typische Situationen

*Rigo K. Brueck*

Dank der Ärztinnen und Ärzte aus den verschiedensten Fachrichtungen, die an unseren Seminaren und Fortbildungen zur Motivierenden Gesprächsführung teilgenommen haben, konnten wir einen reichen Fundus von Situationen und Patienten aufbauen, die sich im Praxisalltag oft als herausfordernd und frustrierend darstellen. Dazu gehören solche Themen wie Raucherentwöhnung, Passivrauch, Bewegung, Ernährung, Schutzimpfung, Vereinbarungen einhalten, Entscheidungen bezüglich einer Operation treffen, allgemeine Gesundheitsförderung, Zahnbehandlung, Umgang mit Rückfällen, Misserfolg, falsche Medikamenteneinnahme, Eldercare, Depression und vieles mehr.

Um die Methoden der Motivierenden Gesprächsführung, Motivational Interviewing, besser zu verdeutlichen, haben wir für dieses Manual einige Beispiele herausgegriffen und Patienten erfunden, die uns von den Kolleginnen und Kollegen als geläufig geschildert wurden:

**typische Patienten**

---

**Beispiele:**

Herr Müller ist ein 50-jähriger Fernfahrer, mit einem Body-Mass-Index von 31 und einem Blutdruck von 140/90. Er raucht 20 Zigaretten pro Tag und trinkt bis zu 2 Liter Kaffee täglich, wenn er unterwegs ist. Er treibt keinen Sport und tut sich schwer, ein Walking-Programm anzufangen.

Frau Hauser ist eine 67-jährige Rentnerin, die an intermittierenden Rückenschmerzen leidet. Sie ist grundsätzlich sehr gut zu führen, hat aber die Gewohnheit, Medikamente auch ohne Anordnung des Arztes zu nehmen. Zudem fällt es ihr im Gespräch schwer, bei der Sache zu bleiben.

---

Frau Seiffert ist eine allein erziehende Mutter. Sie ist überfür-
sorglich und sehr auf ihr einziges Kind, Timmi, fixiert. Ihr
Sohn hat einen Termin für eine Schutzimpfung.
Herr Huber hat erhöhten Blutdruck, ist leicht übergewichtig,
raucht Zigaretten und leidet an Bewegungsmangel. Sein Va-
ter starb an einem Herzinfarkt.
Herr Schmidt hat einen erhöhten Cholesterinspiegel und
Schwierigkeiten, die notwendigen Veränderungen in seiner
Lebensführung umzusetzen.

**Übung 1: Typische Patienten**
Erstellen Sie eine Liste der Patienten in Ihrer Praxis, die Sie
als schwierig erleben.
◢ Was sind typische Aussagen dieser schwierigen Patienten? Schreiben Sie diese auf.

## 1.2 Problemfeld Beratung in ärztlicher Praxis

*Rigo K. Brueck*

Den Angaben der Ärzte in unseren Fortbildungen nach sind es
vor allem drei Bereiche, die bei der Beratung in der ärztlichen Praxis zum Problem werden:
1. Zeitnot
2. Kompetenzmangel
3. Aversion

**typische**      Lassen Sie uns diese Bereiche etwas genauer betrachten.
**Probleme**

### 1.2.1 Zeitnot

Um eine Praxis wirtschaftlich rentabel führen zu können, sieht
sich heutzutage jeder niedergelassene Arzt unter Zwang, seine
Zeit so effizient wie möglich einzusetzen. Das schafft oft die un-
glückliche Situation, in den Gesprächen mit den Patienten so
schnell wie möglich auf das Wesentliche kommen zu müssen.
Die überwiegende Mehrzahl der Ärzte stellt sicher, dass Diagnos-

tik, Beratung und Behandlungsplan gründlich und gewissenhaft durchgeführt werden, im Hinterkopf tickt aber die Uhr, die immer an die Zeitknappheit erinnert.

Deshalb ist es auch verständlich, wenn der Arzt fast reflexartig die ersten Anzeichen einer Problemeinsicht beziehungsweise einer Veränderungsbereitschaft aufgreift. Das heißt, deutet der Patient an, dass er das Problem versteht oder dass er die Notwendigkeit einer Verhaltensänderung erkennt, wendet sich der Arzt sofort den konkreten Schritten der Therapie zu. Häufig reagiert der Patient darauf mit einem Zurückweichen oder Infragestellen der gerade signalisierten Problemeinsicht oder Veränderungsbereitschaft. Meist ist der Arzt darüber erstaunt und reagiert mit einer erneuten Darstellung der Befunde und der daraus folgenden Konsequenzen. „Ja, aber" ist oft die Reaktion des Patienten, und es folgt ein frustrierendes Hin und Her von Argumenten. Die Tücken dieser Situation hat Glyn Elwyn [Elwyn et al. 1999] mit seiner Arbeitsgruppe im Rahmen seiner Forschung zur Patientenpartizipation untersucht. Aufgrund der Ergebnisse lässt sich sagen, dass ein eher gemächliches Vorgehen gerade zu Anfang eines Arztgespräches oft zu einer größeren Zustimmungsbereitschaft in dessen Verlauf führt.

## 1.2.2 Kompetenzmangel

Hierbei geht es nicht um einen Mangel an fachlichem Wissen, sondern um die Frustrationen, die aus unbefriedigenden Patientengesprächen entstehen. Zwar haben viele Einrichtungen in den letzten Jahren ihre Ausbildungsmodule für Gesprächsführung modernisiert und ausgebaut, ein gezieltes und ausreichendes Training mit andauernder Supervision und Rückmeldungen für schwierige Situationen findet jedoch meist nicht statt. Auch die Angebote der Akademien für ärztliche Fort- und Weiterbildung, die in der Regel aus eintägigen Seminaren bestehen, sind für ein wirksames Lernen von Gesprächsführungsmethoden nur bedingt geeignet.

### 1.2.3 Aversion

Wir haben Berichte von Seminarteilnehmern, dass ein Ansprechen einer relevanten Problematik dazu geführt hat, dass der Patient und gelegentlich die ganze Familie die Arztpraxis gewechselt haben. Dies sind natürlich dramatisch negative Beispiele, wie ein Gespräch fehlschlagen kann. Solche Erlebnisse oder auch nur die Berichte davon können starke aversive Emotionen hervorrufen. Dieses unangenehme Gefühl, seinen eigenen Ansprüchen beziehungsweise den Wünschen und Erwartungen seiner Patienten nicht gerecht zu werden, kann dann in Vermeidungsverhalten resultieren. Diese Strategie ist verständlich, aber leider selten Erfolg bringend.

So soll dieses Manual dazu beitragen, dass Sie die kooperativen Patienten noch effizienter bedienen, die schwierigen Patienten wirksamer und ohne Zeitverschwendung führen, Ihr Praxisteam gezielt motivieren, sich selbst als effektiv und kompetent erleben, positive Rückmeldungen von den Patienten erhalten, mehr Freude in der Ausübung Ihrer Berufung haben, abends entspannt und befriedigt nach Hause gehen.

## 1.3 Anwendungsfelder

*Katrin M. Frick*

Motivierende Gesprächsführung ist eine klinische Methode, die sich sehr vielseitig anwenden lässt. Sie dient der Förderung der intrinsischen Veränderungsmotivation und kann so grundsätzlich bei allen Themen eingesetzt werden, die eine Veränderung des Verhaltens voraussetzen. Hier spielt vor allem gesundheitsförderliches Verhalten eine zentrale Rolle. Entwickelt und evaluiert wurde sie in gesundheitsrelevanten Bereichen wie Sucht und Medikamenten-Compliance bei lebensbedrohlichen Erkrankungen. Doch als relativ offenes Verfahren kann sie auch in anderen Problembereichen zur Anwendung kommen, die nur indirekt oder gar nicht mit Gesundheit und Medizin zu tun haben.

## 1.3.1 Gesundheitsförderung

### 1.3.1.1 Sucht

Vielen ist die Motivierende Gesprächsführung als mittlerweile gut etablierte Methode in qualifizierten Entzugsbehandlungen und ambulanten Behandlungskonzepten der Alkoholabhängigkeit bekannt. Da das Verfahren im Kontext der Behandlung von Abhängigkeitserkrankungen entwickelt wurde, hat es in diesem Bereich die größte Verbreitung gefunden. Wenden sich Menschen mit problematischem Trinkverhalten – sei es riskanter, schädlicher Gebrauch oder Abhängigkeit – an das Suchthilfesystem, wird ihnen mit großer Wahrscheinlichkeit mit Motivierender Gesprächsführung begegnet. Wer aus diesen Gründen Beratungsstellen, Schwerpunktpraxen, Suchtambulanzen oder Kliniken aufsucht, trifft dort in der Regel auf Personal, das in Motivierender Gesprächsführung geschult ist, und auf Behandlungskonzepte, in denen diese Methode fest integriert ist.

**MI – im Suchthilfesystem bereits fest etabliert**

Auch problematische Konsummuster anderer psychoaktiver Substanzen, wie legaler oder illegaler Drogen, oder Medikamentenmissbrauch werden im Rahmen von Entzugsbehandlungen häufig in Kombination mit Motivierender Gesprächsführung behandelt. Ein ebenfalls weit verbreitetes Anwendungsgebiet sind beispielsweise Gruppentherapieansätze der Tabakabhängigkeit, in denen häufig verhaltenstherapeutische Interventionen mit Motivierender Gesprächsführung verknüpft werden.

---

**Die Anwendungsklassiker: problematische Konsummuster**
- Alkohol
- Tabak
- Illegale Drogen
- Medikamentenabusus

---

### 1.3.1.2 Compliance

Ein weiteres wichtiges Anwendungsgebiet ist die Compliance. In der Behandlung chronischer Erkrankungen ist beispielsweise die korrekte und konsequente Medikamenteneinnahme von entscheidender Bedeutung. Die erfolgreiche Behandlung von beispielsweise Diabetes, Hypertonie oder Hypercholesterinämie erfordert eine langfristige und regelmäßige Einnahme entsprechender Medikamente und die Wahrnehmung der nötigen

**Medikamenteneinnahme**

Kontrolluntersuchungen. Auch hier kann Motivierende Gesprächsführung helfen, die intrinsische Motivation zu fördern und so den langfristigen Behandlungserfolg zu sichern.

**invasive Diagnostik und Operationen**

Ähnliches gilt für die Behandlung und Diagnostik anderer, gegebenenfalls lebensbedrohlicher Erkrankungen. Eventuell invasive Untersuchungen, Operationen oder beeinträchtigende Therapieverfahren lösen häufig einen Ambivalenzkonflikt aus, der mit Motivierender Gesprächsführung exploriert und aufgelöst werden kann, um so eine eigenverantwortliche Entscheidung bezüglich notwendiger Interventionen auf Basis individueller Gründe und Ziele zu ermöglichen.

---

**Eine weitere Domäne: Compliance fördern**
- ◢ Diagnostik
- ◢ Therapie: Medikamenteneinnahme, Operationen etc.

---

### 1.3.1.3 Prävention und gesunde Lebensführung

Besonders das weite Feld der Prävention und Fragen des Lebensstils ist ein gesundheitsrelevantes Gebiet zunehmender Bedeutung. Unzählige Erkrankungen werden durch einen ungesunden Lebensstil negativ beeinflusst, wenn nicht gar verursacht. Betrachten wir allein den Komplex Ernährung und Bewegung(s-mangel), wird schnell deutlich, welches Ausmaß an negativen Konsequenzen sich daraus ergibt – Adipositas, koronare Herzkrankheit, Gelenkerkrankungen, Diabetes ... Die Liste ließe sich beinahe beliebig fortsetzen – oder, um es positiv zu formulieren, welche präventiven und gesundheitsförderlichen Möglichkeiten sich durch eine entsprechende Lebensführung ergeben.

**Erkenntnis versus Umsetzung im Alltag**

Eine Empfehlung ist leicht gegeben, die Umsetzung ist für die so Bedachten indes meist umso schwieriger, wie wir aus eigener Erfahrung wissen. Wer hat sich nicht selbst schon einmal Gedanken gemacht, mehr Sport zu treiben, für einen regelmäßigeren Schlafrhythmus zu sorgen oder Gewicht zu reduzieren? Genau solche Prozesse der Verhaltensänderung kann die Motivierende Gesprächsführung unterstützen. Und ausgewählte Kurzinterventionen können im ärztlichen Gespräch helfen, die individuell relevanten Themen schnell zu identifizieren und zu gewichten. Die Gegenstände können je nach Kontext der Beratungssituation, Zielgruppe oder individueller Thematik variieren. Neben den bereits erwähnten Verhaltensbereichen können zum Beispiel auch die Wahrnehmung von Impfungen, der Umgang mit Entspannung, die verhaltensbedingten Ursachen von Erschöpfung und Burnout oder Safer Sex relevante Bereiche sein.

---

**Gesundheitsrelevante Themenbereiche:**

◢ Ernährung

◢ Bewegung

◢ Schlaf

◢ Impfungen

◢ Entspannung

◢ Safer Sex

---

## 1.3.2 Sonstige Problembereiche

Der Vollständigkeit halber sei erwähnt, dass natürlich nicht ausschließlich Gesundheitsförderung bzw. gesundheitsförderliches Verhalten die Anwendungsfelder der Motivierenden Gesprächsführung definieren, sondern auch andere Problembereiche bearbeitet werden können. Noch nah mit Gesundheit verknüpft sind Altenpflege und der Umgang mit Menschen mit Behinderung, wo beispielsweise die Motivation zur Aktivierung eine wichtige Rolle spielt. Doch auch in Personalentwicklung und Mitarbeiterführung lassen sich basale Strategien der Motivierenden Gesprächsführung anwenden. Auch interaktive Konflikte, wie beispielsweise nicht eingehaltene Vereinbarungen, können durch Exploration eventuell zugrunde liegender Ambivalenzkonflikte geklärt werden.

**nicht medizinische Anwendungsfelder**

Anwendungsfelder außerhalb des sozialen oder medizinischen Settings erfordern jedoch umso mehr eine Überprüfung ethischer Gesichtspunkte und bedürfen des Konsenses eines transparenten Zieles. In medizinischen Settings mag dies zum Teil auch unausgesprochen gegeben sein, da ein gesellschaftlicher Konsens über die gesundheitsförderliche Rolle medizinischer Berufe vorausgesetzt werden kann. In anderen Kontexten ist ein transparenter Umgang mit Zielen und Zielkonflikten umso erforderlicher. Hier stößt die Anwendung Motivierender Gesprächsführung an eindeutige Grenzen. Ambivalenzkonflikte beispielsweise zugunsten eigener kommerzieller Interessen zu beeinflussen, würde zweifellos dem Geist der Motivierenden Ge-

**ethische Grenzen**

sprächsführung und ihres autonomieorientierten, partnerschaftlichen Ansatzes widersprechen.

## 1.4 Aufbau und Gebrauch des Buches

*Katrin M. Frick*

### 1.4.1 Aufbau

**Struktur des Manuals**

Das vorliegende Buch ist als praxisorientiertes Manual konzipiert, soll praxisrelevante Basics vermitteln und die sofortige Umsetzung erster Anwendungsversuche in Übungssettings und beruflicher Praxis ermöglichen. Die Struktur folgt verschiedenen Ordnungskriterien gleichermaßen, die hier zur besseren Orientierung erwähnt seien:

◢ *Formal*: Gliederung in einleitenden Hintergrund, Theorie und Praxis

◢ *Inhaltlich*: Gliederung entsprechend der zwei Themenschwerpunkte Motivierende Gesprächsführung und Kurzinterventionen

◢ *Didaktisch*: Gliederung nach dem Schema Erklärung – Beispiel – Übungsvorschlag

Diese drei Gliederungsebenen definieren die Architektur des gesamten Manuals. Die inhaltliche Gliederung – entsprechend der zwei Themenschwerpunkte (Motivierende Gesprächsführung und Kurzinterventionen) – zieht sich durch Kapitel 2 *Theoretischer Hintergrund* und Kapitel 3 *Interventionen und Übungen*. Die didaktische Gliederung kommt hauptsächlich in Kapitel 3 zum Tragen. Das bedeutet, dass Kapitel 3 in beiden Unterkapiteln (Motivierende Gesprächsführung und Kurzinterventionen) dem didaktischen roten Faden Erklärung – Beispiel – Übung für jede Einzelintervention folgt.

**wesentliche Inhalte der Kapitel**

Nachdem im ersten Kapitel einleitend die Relevanz und Anwendungsfelder des Verfahrens am Beispiel typischer Situationen und Herausforderungen des Berufsalltags demonstriert wurden, folgt im zweiten Kapitel die Darstellung zentraler theoretischer Aspekte. In diesem Kapitel werden essenzielle Begriffe wie Motivation und Ambivalenz erörtert, das Transtheoretische Modell als theoretische Einbettung vorgestellt und die empirische Evidenz von Motivierender Gesprächsführung und Kurzinterventionen belegt. Herzstück des Manuals ist das dritte Kapitel der Interventionen und Übungen. Der Abschnitt Grundlagen Motivierender Gesprächsführung beschäftigt sich mit der Grundhaltung, den Prinzipien und Zielen sowie den Basisstrategien der Motivierenden Gesprächsführung. Der Abschnitt zu ausgewählten Kurzinterventionen hat konkrete Anwendungsmethoden zum Inhalt: Eröffnungszüge, Entscheidungswaage und Selbsteinschätzung des Klienten. Zentrale Elemente beider Kapitel sind die ausführlichen Übungsabschnitte.

## 1.4.2 Anwendung und Praxistransfer

Es gibt unterschiedliche Wege, Motivierende Gesprächsführung zu erlernen, und es gibt auch verschiedene Optionen, das vorliegende Buch zu gebrauchen.

Sie können dieses Handbuch von A bis Z lesen und/oder als Handbuch zum Nachschlagen benutzen. Wenn Sie erst einmal nur einen kurzen theoretischen Überblick suchen, können Sie die entsprechenden Abschnitte lesen, ohne bereits die Übungen anzuwenden. Sie können das Buch beiseite legen, Ihre berufsalltäglichen Gesprächssituationen vor diesem Hintergrund ein wenig spiegeln und beobachten, um dann vielleicht nach einer Weile wieder weiterzulesen und sich den Übungsvorschlägen zuzuwenden. Möglicherweise haben Sie auch schon fundierte Vorkenntnisse in personzentrierter Gesprächsführung und möchten nur die spezifischen Elemente der Motivierenden Gesprächsführung identifizieren und näher kennenlernen. In diesem Falle bietet sich eine selektive Lektüre der entsprechenden Abschnitte an. Unter Umständen nahmen Sie bereits einmal an einer Schulung in Motivierender Gesprächsführung teil und möchten nun einfach Ihre Kenntnisse und Fertigkeiten auffrischen, indem Sie Basisstrategien oder selektive Einzelinterventionen nachschlagen und gezielt üben.

**Wie lässt sich das Manual benutzen?**

Wie auch immer Sie sich entscheiden, möchten wir einschränkend darauf hinweisen, dass komplexe Interventionen wie die Motivierende Gesprächsführung sich nicht allein durch die

**Lernen durch Anwendung**

Lektüre eines Buches oder den Besuch eines Workshops erlernen lassen. Es benötigt viel Zeit, Erfahrung und Supervision. Die Expertise wächst mit der Anwendung. Daher empfehlen wir, so viel wie möglich zu üben, auszuprobieren und die Erfahrungen zu reflektieren. Das Üben in kollegialen Kleingruppen ist eine vielfach erprobte Möglichkeit und wird von manchen als Königsweg angesehen, ermöglicht es doch gleichzeitig die kollegiale Supervision. Doch auch die schrittweise Anwendung in der Alltagspraxis, das Learning-by-Doing ist von unschätzbarem Wert, vor allem, wenn Sie sich jeweils kleine, überschaubare Ziele stecken und Zeit für die anschließende Reflexion nehmen können. Bei weitergehendem Interesse an spezifischen Anwendungen, Schwierigkeiten oder Fragen können Sie gerne die Autoren kontaktieren beziehungsweise sich in vertiefenden Schulungen weiterqualifizieren.

# 2 Theoretischer Hintergrund

## 2.1 Auch kleine Schritte führen zum Ziel

*Rigo K. Brueck*

Diese Wahrheit spiegelt sich zum einen in dem bekannten asiatischen Sprichwort: Die Reise von 1000 Meilen beginnt mit dem ersten Schritt. Um an einem Ziel anzukommen, egal wie weit gesteckt es auch ist, ist es wichtig, den beziehungsweise die ersten Schritte zu wagen.

Auch in der Verhaltenstherapie ist dieses Konzept unter den Begriffen Kleinschrittlernen und Verhaltensausformung (Shaping) bekannt. Neu zu lernende komplexe Verhaltensweisen werden in kleinere Teilschritte zerlegt, und diese werden dann sequenziell gelernt, geübt und wiederholt, bis sie zur Gewohnheit gefestigt sind.

**Kleinschrittlernen**

Schauen wir uns diese beiden Perspektiven nun etwas genauer an.

Welche Faktoren spielen mit, wenn eine Person etwas in Angriff nehmen will, aber nicht in die Gänge kommt? Sie schafft es nicht, den ersten Schritt zu wagen. Oft erscheinen unseren Patienten die Verhaltensänderungen, die zu den gewünschten Gesundheitszielen führen beziehungsweise diese Ziele darstellen, wie die Besteigung des Mount Everest. Unmöglich!

Ganz unbewusst und automatisch evaluieren unsere kognitiven Prozesse die Wahrscheinlichkeit, ob ein gewünschtes Ziel realistisch erreichbar ist. Realistisch in diesem Zusammenhang bedeutet: Ist es in dieser Situation und im Bezug auf meine Erfahrungen erreichbar?

**Vermeidungsverhalten/ Ambivalenz**

Diese Reaktion ist ganz natürlich und entwicklungsbiologisch leicht verständlich. Diese Prozesse sind schon lange Teil unserer Stammesgeschichte und repräsentieren die erfolgreiche

Adaption an eine Umwelt, in der es einerseits vorteilhaft war, zu große Risiken *nicht* zu wagen, andererseits aber neue und ungewohnte (riskante) Verhaltensweisen zu einem erhöhten Vorteil im Sinne der evolutionären Passung führen konnten. Ist das Risiko gering beziehungsweise der Kosten-Nutzen-Vergleich eindeutig positiv, haben wir zum Beispiel den Erfahrungswert, diese Situation oder Herausforderung schon etliche Male gemeistert zu haben, handeln wir meist ohne jegliches Zögern. Wird das Risiko als zu groß oder ungewiss eingeschätzt, erleben wir den inneren Drang, Impuls oder Gefühl, diese Handlung zu vermeiden beziehungsweise zu unterlassen.

Ist die Einschätzung nicht eindeutig, erleben manche Personen dies als anregenden Nervenkitzel, andere jedoch eher als das qualvolle Hin und Her eines doppelten Annäherungs-Vermeidungs-Dilemmas, der Ambivalenz, wie sie im Kapitel 2.2.4 ausführlich beschrieben wird.

Bedenken Sie, dass diese Evaluationen unbewusst und im Millisekundentakt ablaufen und das Ergebnis nicht als rationale Analyse, sondern eher als ein mehr oder weniger starkes Gefühl des Wohl- bzw. Unbehagens erlebt wird. Erst im nächsten Schritt erfolgt eine rationale Beurteilung der Sachverhalte, die aber durch die schon vorhandenen Gefühle mehr oder weniger stark beeinflusst wird. Manchmal führt diese rationale Abwägung der Situations-, Wunsch- und Zielkomponenten zu dem Entschluss, eine Handlung zu wagen – trotz des widerstrebenden (Bauch-) Gefühls. Es kann aber auch zu einer Lähmung oder für den Berater frustrierenden endlosen Für-und-Wider-Erörterung führen.

Dieser Zustand gleicht der Filmszene eines Autofahrers, der sich im Urlaub in einem Kreisverkehr in einer ihm unvertrauten ausländischen Großstadt wiederfindet. Keiner macht ihm Platz, und er traut sich nicht, einfach in die Ausfahrtspur zu wechseln. Er weiß, wohin er möchte, aber die ihm unvertraute forsche Fahrweise der Einheimischen erzeugt in ihm die Angst, in einen Unfall verwickelt zu werden. Die Urlaubzeit vergeht, er aber ist gefangen im Kreisverkehr, der Verzweiflung nahe.

Fakt ist jedoch: Menschen ändern ihr Verhalten!

Sie reduzieren ihr Gewicht, sie nehmen Medikamente ein wie angewiesen, sie hören auf zu rauchen oder Alkohol im Übermaß zu konsumieren, sie bewegen sich mehr, und, und, und. Wie schaffen Menschen es, aus der oben gezeigten Lähmungsschleife zu entkommen? Als professionelle Helfer im Gesundheitssystem sind wir natürlich sehr daran interessiert zu wissen, wie wir diese Veränderungsprozesse fördern und unterstützen können.

Kleinschrittlernen oder Shaping beschreibt die Technik, einen komplexen Verhaltensablauf in kleinere Teilschritte zu zerlegen und sich auf das Erlernen dieser Teilschritte zu konzentrieren. Diese Methode ist zum Beispiel im Wettkampfsport sehr bekannt, egal ob es sich um Spielzüge im Fußball, Basketball oder Hockey beziehungsweise eine neue Kür in der Gymnastik oder dem Eiskunstlauf handelt.

**Shaping**

So kann Shaping einem übergewichtigen Diabetes-Patienten helfen, der sich zum Ziel gesetzt hat, dreimal pro Woche für 20 Minuten einen forschen Spaziergang zu unternehmen, aber keinen durchgängigen Erfolg erzielen kann. Dreimal pro Woche 20 Minuten ist zu weit jenseits seines Belastungs- und Motivationsniveaus, weniger ist für ihn jedoch nicht als Erfolg akzeptierbar. Der Gedanke, 20 Minuten zu walken, erzeugt eher Vermeidungsverhalten, welches Frustration und Selbstvorwürfe auslöst, die wiederum selbsttröstendes Verhalten (Frustessen, Rauchen, Alkoholkonsum) aktivieren und den negativen Gesundheitszustand noch verschlimmern. Der Arzt erkennt das Hemmungsmuster und hilft dem Patienten, für eine Woche klar definierte Kleinschritte (losgehen von der Haustür für fünf Minuten, umdrehen und zurück) anzugehen, die dann als Erfolg gewürdigt werden können und in Folge die Wahrscheinlichkeit eines Ausbaus des positiven Verhaltens erlauben.

Bevor wir anhand eines Beispiels demonstrieren, wie diese Vorgehensweise konkret ausschauen kann, noch eine weitere Technik.

## 2.1.1 Hochfrequente Kurzgesprächskontakte

Unter dem Konzept der kleinen Schritte lässt sich auch eine weitere Vorgehensweise einreihen, deren Wirksamkeit von der Arbeitsgruppe um Frau Professor Ehrenreich im ALITA-Projekt (Ambulante Langzeit-Intensivtherapie für Alkoholkranke) nachgewiesen wurde [Ehrenreich et al. 1997].

Hierbei handelte es sich um Kurzgesprächskontakte (im ALITA-Projekt höchstens 15 Minuten), die sich dadurch auszeichneten, dass sie strukturiert, unterstützend und wenig fordernd waren. Anfangs fanden sie häufig statt, in der Folge wurde die Frequenz dann langsam reduziert. Ziel dieser Interventionen war die Förderung einer therapeutischen Beziehung, die Anbindung der Patienten zum Therapeuten-Team sowie der Aufbau zur Therapiefähigkeit, das heißt die regelmäßige und dauerhafte Teilnahme an wöchentlichen Gruppen.

In unserem Konzept der Kurzintervention sollen diese Kontakte dazu dienen, die Selbstverpflichtung des Patienten an seinen Veränderungsplan zu erhöhen und dessen Umsetzung durch häufige Rückmeldungen und Erfolgserlebnisse zu fördern. Die Gespräche sollten natürlich in der Methode der Motivierenden Gesprächsführung gehalten werden. Diese Kontakte können sehr kurz sein, maximal fünf Minuten, und vom Praxispersonal durchgeführt werden. Sie erlauben eine schnelle Krisenintervention durch den Arzt, sollte die Compliance nachlassen.

Um diese Ziele zu unterstützen, sollten einige Voraussetzungen gegeben sein:
1. Messbare Etappenziele
   Klar definierte Kleinschritte, die umsetzbar sind. Bei der Rückmeldung geht es vor allem um *positive* Verstärkung, also darum, das Augenmerk zuerst immer auf das zu lenken, was gelungen ist.
2. Anpassung
   Das Nichterreichen eines Etappenziels sollte nie als Versagen bewertet werden, sondern entweder als ein zu hoch gestecktes Ziel, das neu definiert werden muss, oder es sollte den Patienten geholfen werden, Hindernisse zu identifizieren und Bewältigungsstrategien zu erarbeiten. Diese neuen Ziele sollten dann wieder als messbare Kleinschritte schriftlich fixiert im Veränderungsplan festgehalten werden.
3. Frequenzreduktion
   Hat der Patient ein Muster von erfolgreich erreichten Etappenzielen aufgebaut und geht die Tendenz in die gewünschte

Richtung, kann man die Frequenz der Kurzgespräche verringern.

Kommt es zu einem Nachlassen der Compliance beziehungsweise zu Verhaltensrückfällen, kann die Frequenz kurzzeitig wieder erhöht werden.

Natürlich kann diese Vorgehensweise nicht für alle Patienten und allen gleichzeitig angeboten werden. Wir möchten Sie jedoch ermutigen, diese Intervention mittels hochfrequenter Kurzgespräche mit geeigneten Personen und Behandlungssituationen auszuprobieren. Sie werden von den positiven Ergebnissen überrascht sein.

Hier nun ein Beispiel, wie ein solches Gespräch konkret aussehen könnte:

Arzt: *„Na, Herr Müller, wie geht es denn mit Ihrem Walking-Programm?"*

Patient: *„Glauben Sie mir, Herr Doktor, ich gebe mir wirklich alle Mühe mit dem Walking, aber ich schaffe das einfach nicht. Jedes Mal, wenn ich daran denke loszugehen, dann stellt mir der innere Schweinehund ein Bein, und ich fühl mich schlapp. Wenn ich mich dann mal überwinde, loslege und 20 Minuten gelaufen bin, komm' ich voll aus der Puste, krieg' Muskelkater und die Knie tun mir weh, und der innere Schweinehund macht sich lustig über mich. Es ist zum Heulen."*

A: *„Das hört sich ja schrecklich an. Sie geben sich alle Mühe, etwas Gutes für Ihre Gesundheit zu tun, obwohl das etwas Neues und Ungewohntes ist. Und dann stellt Ihnen der innere Schweinehund ein Bein, und wenn Sie ihn dann bezwungen haben, macht er sich auch noch lustig über Sie."*

P: *„Ja wissen Sie Herr Doktor, das ist ja auch ziemlich peinlich. Sonst hab ich ja schon viele Sachen geschafft, aber das krieg ich nicht auf die Reihe. Als erwachsener Mann sollte das doch ein Klacks sein, gell?"*

A: *„Da haben Sie Recht. Sie haben schon so viel geschafft. Und jetzt scheint diese Sache Ihnen einen Strich durch die Rechnung zu machen. Haben Sie denn schon einmal etwas Ähnliches erlebt? Wo Sie sich etwas vorgenommen haben, aber es war schwierig in der Umsetzung? Schwieriger, als Sie sich das gedacht hatten?"*

P: *„Nö, an sich nicht."*

A: *„Das kennen Sie so gar nicht. Sonst gehen Ihnen neue Sachen ziemlich einfach von der Hand."*

P: *„Na ja, das wissen Sie doch. Nachdem Sie mir die Tabletten gegen den hohen Blutdruck verschrieben haben, hab ich das mit dem Einnehmen auch reibungslos hinbekommen, obwohl das gar nicht so einfach ist, wenn ich unterwegs bin. Da bin ich ganz konsequent und gewissenhaft."*

A: *„Wenn Sie sich zu etwas entschlossen haben, setzen Sie das auch um. Da sind Sie konsequent."*

P: *„Genau! Moment mal, da fällt mir aber was ein. Vor einigen Jahren haben wir in der Spedition eine neue Zugmaschine bekommen. Die hatte so eine ganz neue elektronische Kupplung, und die Bremse und Servolenkung waren auch irgendwie anders. Zuerst hab ich gedacht, das ist ja für einen erfahrenen Trucker keine Herausforderung. Und auf dem Hof war das auch ziemlich einfach. Aber draußen im Verkehr sah die Sache dann doch anders aus. Da hab ich echt Stress gehabt. Aber am Ende lief dann doch alles palletti."*

A: *„Aha, und wie haben Sie diese Sache dann hinbekommen?"*

P: *„Na ja, ehrlich gesagt, hab ich zuerst versucht, den Laster so wenig wie möglich zu fahren und ihn auf einen der anderen Fahrer abzuwälzen. Aber der Chef wollte unbedingt, dass ich diese Maschine in den Griff bekomme. Wir hatten dann ein Gespräch, und er meinte, der Hersteller hätte uns als Bonus für den Kauf des Schleppers eine Dreitagereise zum Werk mit Besichtigung spendiert, ob ich Lust hätte, dahin zu fahren. Da haben die uns auch das Testgelände gezeigt, und wir konnten selber mit verschiedenen Schleppern das Gelände ausprobieren. Wie richtige Testfahrer. Das war echt cool. Und danach war das mit der neuen Zugmaschine auch viel einfacher. Klar hab ich gemerkt, dass das ein abgekartetes Spiel war; das war in Wirklichkeit ein Fahrkurs. Da waren ja nur Profifahrer, und die hatten alle neue Schlepper in den Fuhrpark bekommen. Ich kam mir zuerst echt blöd vor. Aber ich war ja schon mal da, und die haben das echt super cool aufgezogen und uns nicht blamiert."*

A: *„Sein Gesicht zu verlieren, kann ein richtiger Trucker nicht zulassen. Obwohl Sie den Braten sicher schon ganz zu Anfang ein bisschen geschnuppert hatten, haben Sie sich auf die Sache eingelassen und dadurch die Herausforderung mit der Zugmaschine gemeistert. Und heute ist das eine unterhaltsame Erfolgsgeschichte."*

P: *„Ja, das stimmt. Wäre schön, wenn das mit dem Walken auch so gehen würde."*

A: „Wenn man dem inneren Schweinehund sozusagen einen Streich spielen könnte."

P: „Ja, genau."

A: „Wie wäre es denn, wenn Sie dieses „dreimal-pro-Woche-20-Minuten-Ziel" einfach mal parken wie die neue Zugmaschine und sich für die nächste Woche einfach vornehmen, aus dem Haus loszugehen, nur zwei Minuten und dann umkehren und zurück zum Haus?"

P: „Was, nur läppische zwei Minuten? Wollen Sie mich auf den Arm nehmen?"

A: „Auf den Arm nehmen gewiss nicht! Vier Minuten walken ist Ihnen dann doch zu wenig. Was wäre denn eine angemessene Minutenzahl?"

P: „Fünf Minuten sollten es schon sein."

A: „Also zweieinhalb Minuten vom Haus weg und dann zurück."

P: „Nee nee, fünf Minuten vom Haus weg und dann zurück."

A: „Fünf Minuten in jede Richtung trauen Sie sich zu."

P: „Ja, die zehn Minuten schaffe ich."

A: „Fünf Minuten vom Haus weg und zurück sind drin. Wie denken Sie denn, wie der innere Schweinehund darauf reagiert?"

P: „Zehn Minuten sind ja nicht lang. Die sind ja schon fast vorbei, bevor der innere Schweinehund merkt, dass ich draußen bin."

A: „In Ordnung, fünf Minuten vom Haus weg und zurück schaffen Sie. Wie oft wollen Sie das machen?"

P: „Jeden Tag."

A: „Jeden Tag fünf Minuten vom Haus weg und zurück wär eine gute Sache."

P: „Das sollte so sein."

A: „Okay, aber was, wenn es regnet?"

P: „Tja, das wäre nicht so gut."

A: „Das wäre nicht so gut. Nass werden wollen Sie auch nicht."

P: „Nee, das wäre kein Spaß."

A: „Was könnte denn sonst noch dazwischenkommen?"

P: „Na ja, wenn ich 'ne Fuhre mache, dann finde ich halt oft nicht die Zeit. Ich will zwar, aber es geht dann doch nicht."

A: „Wenn es regnet und wenn Sie unterwegs sind, geht es gar nicht. Wie viele Tage sind Sie denn nächste Woche zu Hause?"

P: „Samstag und Sonntag, da ist ja Fahrverbot."

A: „Samstag und Sonntag wären möglich. Das sind zwei Tage. Also nächste Woche zweimal vom Haus los, fünf Minuten eine Richtung, dann umkehren und zurück wäre machbar."

P: *„Das krieg ich hin."*

A: *„Also, das haben Sie sich jetzt fest vorgenommen: nächste Woche zweimal vom Haus los, fünf Minuten eine Richtung, dann umkehren und zurück."*

P: *„Jawohl, da können Sie drauf wetten!"*

A: *„Prima! Und wie wäre es mit heute?"*

P: *„Wie meinen Sie das?"*

A: *„Na ja, wenn Sie heute nach Hause kommen, einfach noch einmal umdrehen und fünf Minuten vom Haus weg und dann wieder zurück."*

P: *„Das sieht aber doch vielleicht blöd aus."*

A: *„Könnte so aussehen, als ob Sie was vergessen hätten. Andererseits hätten Sie dann schon einmal gewalkt, und wenn es dann Samstag oder Sonntag regnet oder sonst was dazwischenkommt, hätten Sie doch die zwei Mal geschafft."*

P: *„So hab ich das nicht gesehen. Aber da haben Sie natürlich Recht. Und wenn es dann Samstag und Sonntag klappt, hab ich schon dreimal gewalkt. Das mach ich."*

A: *„Super! Dann kommen Sie Ende nächster Woche wieder in die Praxis zum Blutdruckmessen und können mir kurz Bescheid sagen, wie es gelaufen ist."*

P: *„Nee, wie es gewalkt ist. Haha."*

A: *„Sie Witzbold. Bis nächste Woche dann. Viel Erfolg!"*

In diesem Dialog fiel Ihnen sicher auf, dass der Arzt sehr viel Gesprächszeit darauf verwendete, eine minimale Verhaltensänderung zu besprechen, und die Aussagen des Patienten dauernd wiederholt hat.

Sie werden auch bemerkt haben, dass die Strategie von häufigeren Kurzkontakten zu Anfang eines Veränderungsprozesses eingesetzt wurde. Langfristig gesehen kann dieser Ansatz mit gehäuften Kurzkontakten, die dann im Verlauf reduziert werden, viel zu einem stetigen Erfolg beitragen.

Der Austausch mag Ihnen unnatürlich erscheinen, und Sie denken vielleicht, dass der Patient an den dauernden Wiederholungen Anstoß nehmen würde. Wenn Sie in der Praxis diese Methoden der Motivierenden Gesprächsführung, die in den folgenden Kapiteln ausführlicher erklärt werden, gezielt anwenden, werden Sie jedoch schnell bemerken, dass die Patienten diese Wiederholungen nicht als das Gespräch störend wahrnehmen;

vielmehr führen die Wiederholungen dazu, die Patientenbereitschaft zu fördern, sich auf etwas Neues einzulassen. Dieser Effekt wird oft als Bahnung bezeichnet. Gemeint ist der Prozess, neue synaptische Verbindungen im Gehirn zu generieren, zu bahnen, beziehungsweise bestehende Verbindungen zu verstärken. Für eine ausführlichere Erörterung dieser Zusammenhänge, die in den letzten Jahren von der Neurowissenschaft verstärkt in die Diskussion über die Wirkweise von psychologischen und psychotherapeutischen Verfahren eingebracht wurde, sei auf die Arbeiten von Roth [2002], Hüther [2006], Spitzer [2006] und Grawe [2004] hingewiesen.

**Bahnung**

Um noch einmal das Bild des Autofahrers im Kreisverkehr aufzugreifen: Es macht wenig Sinn, darüber zu diskutieren, ob man zuerst den Eiffelturm oder den Louvre besuchen soll, solange man im Kreisverkehr gefangen ist. Stattdessen gilt es zu fokussieren, wie man aus dem Kreisverkehr herauskommt. Der erste Schritt zum Eiffelturm oder dem Louvre ist die Ausfahrt aus dem Kreisverkehr.

Unter dieser Betrachtungsweise macht es Sinn, diesem ersten Schritt seine ganze Aufmerksamkeit zu widmen und ihn in so viele kleine Teilschritte aufzuteilen, wie man braucht, um dann auch weiterzukommen.

Es sei auch erwähnt, dass im obigen Dialog nicht nur der Weg für den ersten Schritt gebahnt wurde, sondern auch zusätzliche Aspekte von wissenschaftlich als wirksam bestätigten Vorgehensweisen der Gesprächsführung eingesetzt wurden, zum Beispiel Problemlösetraining, positive Verstärkung, Aktivierung von Stärken und Ressourcen, Zielklärung und nicht zuletzt Humor.

---

**Übung 2: Kleinschrittlernen/Shaping**
Übung allein:
◢ Beschreiben Sie Beispiele aus Ihrer eigenen Praxis von Patienten, die ihr Verhalten erfolgreich geändert haben, obwohl sie die Hoffnung schon aufgegeben hatten.

Übung allein:
◢ Sind SIE bereit, auch kleine Schritte als Erfolg zu akzeptieren und anzuerkennen?
◢ Wie klein beziehungsweise wie groß müssen solche Schritte sein?

Nehmen Sie sich die Zeit, konkrete Beispiele zu beschreiben.

Übung mit Praxisteam:
◢ Beraten Sie sich mit Ihrem Praxispersonal.
◢ Identifizieren Sie geeignete Personen und Behandlungssituationen.
◢ Üben Sie die Durchführung von auf Kleinschritte fokussierten Kurzgesprächen.

## 2.2 Motivierende Gesprächsführung

*Katrin M. Frick*

### 2.2.1 Motivierende Gesprächsführung als klinische Methode

**Entwicklung und Anwendungsgebiete**

Motivierende Gesprächsführung oder auch Motivational Interviewing (MI) ist eine evidenzbasierte klinische Methode zur Förderung der intrinsischen Veränderungsmotivation. Sie wurde von Miller & Rollnick [2004] in den Achtzigerjahren entwickelt und wird seit etwa zehn Jahren auch im deutschen Sprachraum zunehmend angewandt. Ursprünglich im Kontext der Behandlung von Abhängigkeitserkrankungen entwickelt, wird Motivierende Gesprächsführung inzwischen in vielen Bereichen der Gesundheitsförderung eingesetzt. So sind neben den suchtspezifischen Indikationen im Zusammenhang mit Rauchen, Alkohol- und Drogenkonsum auch die Medikamenten-Compliance bei lebensbedrohlichen Krankheiten wie Diabetes, koronarer Herzerkrankung oder AIDS zu nennen [Miller & Rollnick 2004; Scales 1997; Smith et al. 1997].

Breite klinische Anwendung hat der Ansatz insbesondere im Rahmen von qualifizierten Entzugsbehandlungen und ambulanten Behandlungskonzepten der Alkoholabhängigkeit gefunden [Loeber & Mann 2006; Frick & Berner 2007; Brueck & Mann 2007]. Da der Fokus auf der generellen Förderung von Veränderungsbereitschaft liegt, ist der Einsatz von Motivierender Gesprächsführung jedoch grundsätzlich zur Unterstützung aller gesundheitsrelevanten Verhaltensweisen geeignet. Ob es um Ernährung, Bewegung, Medikamenteneinnahme oder suchtassoziierte Probleme geht – das therapeutische Vorgehen zur Förderung der Motivation, um eine gesunde Lebensführung zu implementieren, ist immer ähnlich. Berner et al. [2004] weisen darauf hin, dass Motivierende Gesprächsführung auch von medizinischem Hilfspersonal leicht erlernt und zeiteffizient eingesetzt werden kann.

Motivierende Gesprächsführung ist eine Methode der Kommunikation. Sie ist direktiv, da sie veränderungsorientiert ist, mit zielgerichteter Ausrichtung auf eine Verhaltensänderung hin. Gleichzeitig basiert sie auf einer personzentrierten Grundhaltung, die von Empathie und positiver Wertschätzung geprägt ist. Die Grundhaltung der Motivierenden Gesprächsführung orientiert sich stark am klientenzentrierten Ansatz von Carl Rogers und ist wie dieser von Autonomieorientierung und Partnerschaftlichkeit in der therapeutischen Beziehung gekennzeichnet. Wesentliche Behandlungsprinzipien sind – neben der zentralen therapeutischen Empathie – die Förderung von Selbstwirksamkeitserwartungen sowie die Entwicklung von Diskrepanzen zwischen Verhalten und persönlichen Zielen. Die intrinsische Motivation hängt von den Klienten ab und wird nicht seitens der Therapeuten vorgegeben. Dennoch werden Reflexionen selektiv im Hinblick auf ihre Bedeutung für die Veränderungsbereitschaft angewandt. Auf diese Weise vereint die Motivierende Gesprächsführung Elemente des klientenzentrierten Ansatzes von Carl Rogers mit Elementen der kognitiven Verhaltenstherapie. Die angestrebte Förderung der intrinsischen Motivation und Veränderungsbereitschaft des Klienten geschieht dann durch Exploration und Auflösung von Ambivalenz. Die Wahrnehmung von Diskrepanzen zwischen dem aktuellen Verhalten und persönlichen Zielen und Wertvorstellungen der Klienten soll gezielt durch entsprechende Reflexionen unterstützt werden, um zu einer Verhaltensänderung zu motivieren. Welche Ziele und Wertvorstellungen dabei relevant sind, liegt im Ermessen der Klienten und nicht der Therapeuten.

**direktiv und personzentriert**

> **Motivierende Gesprächsführung** ist eine personzentrierte, direktive Methode der Kommunikation zur Förderung der intrinsischen Veränderungsbereitschaft mittels Erforschung und Auflösung von Ambivalenz.

**Change-Talk:
die Sprache der
Veränderung**

Ein besonderes Augenmerk liegt auf dem Erkennen und Reflektieren von „Change-Talk", der Veränderungssprache. Darunter sind sogenannte selbstmotivierende Äußerungen zu verstehen, mit denen Klienten ihre Fähigkeit, Bereitschaft, Gründe und Wünsche für eine Verhaltensänderung ausdrücken. Umgesetzt wird die Motivierende Gesprächsführung mithilfe der Basisstrategien des aktiven Zuhörens, offener Fragen, des Verstärkens durch selektive Reflexion selbstmotivierender Äußerungen, des Bestätigens der Klienten und durch wiederholtes Zusammenfassen.

Grundhaltung, Prinzipien und Basisstrategien der Motivierenden Gesprächsführung werden wir im Kapitel 3 Interventionen und Übungen noch eingehender vorstellen und Möglichkeiten des Ausprobierens und Übens anbieten.

Miller weist auf die besondere Bedeutung der Empathie im Therapeutenverhalten hin [Miller et al. 1998] und bezieht sich diesbezüglich ausdrücklich auf Carl Rogers, einem der wichtigsten Vertreter der Humanistischen Psychologie. Dessen basale Forschung zu diesem Thema untersuchte in den Sechzigerjahren die Bedeutung von Empathie im Zusammenhang wirksamer Therapeutenvariablen. In den damaligen Studien wurden drei Therapeutenvariablen identifiziert, die bei Klienten Therapieerfolg, Veränderung und Wachstum positiv beeinflussen: Neben der Empathie sind dies noch die Akzeptanz oder auch positive und unbedingte Wertschätzung sowie die Selbstkongruenz oder Echtheit von Therapeuten [Rogers 1957, 1980].

**empirische
Ergebnisse**

In klinischen Studien konnte die Wirksamkeit von Motivierender Gesprächsführung in unterschiedlichen Anwendungsgebieten belegt werden, wie beispielsweise in der Behandlung von Substanzmissbrauch und Abhängigkeitserkrankungen, aber auch hinsichtlich HIV-riskanten Verhaltens oder des Einhaltens von Diätplänen [Noonan & Moyers 1997; Dunn et al. 2001]. Wie eine Pilotstudie mit nicht insulinabhängigen Diabetikerinnen zeigte, kann Motivierende Gesprächsführung als Zusatzkomponente in der Behandlung zu einer deutlich besseren Compliance beitragen [Smith et al. 1997].

Besonders hervorgehoben sei die Anwendung als Kurzintervention, die ja Gegenstand dieses Buches ist. In diesem Zusammenhang zeigte eine Metaanalyse von neun Studien, die Kurzinterventionen in Motivierender Gesprächsführung mit Nichtbehandlung verglichen, dass bereits eine Gesamtdauer von knapp

90 Minuten Motivierender Gesprächsführung bezüglich der Reduktion des Alkoholkonsums innerhalb der ersten drei Monate wirksamer war als keine Intervention [Vasilaki et al. 2005]. Der Gesprächsstil hat einen bedeutenden Einfluss auf Motivation und Behandlungserfolg. Im Vergleich personzentrierter Motivierender Gesprächsführung mit einem direktiv-konfrontativen therapeutischen Stil im Rahmen einer Kurzintervention mit Alkoholikern über zwei Sitzungen zeigten sich deutliche Unterschiede [Miller et al. 1993]. Der direktiv-konfrontative Stil provozierte mehr Widerstand bei Klienten und war ein Prädiktor für ein schlechteres Ein-Jahres-Outcome; je mehr Therapeuten konfrontierten, desto mehr tranken die Patienten.

Die entsprechend dem wachsenden Einsatz Motivierender Gesprächsführung in der Praxis zunehmenden Forschungsstudien ließen auch die Entwicklung eines Instruments zur Überprüfung der Adhärenz notwendig erscheinen. Der Motivational Interviewing Treatment Integrity Code [Moyers et al. 2005] ist ein Ratingverfahren, das Therapiebänder hinsichtlich verschiedener relevanter Konstrukte in der Motivierenden Gesprächsführung beurteilt. Mit der deutschen Version des Motivational Interviewing Treatment Integrity Code (MITI-d) liegt nun auch ein Instrument zum Einsatz in Forschung und Schulung für den deutschsprachigen Raum vor [Brueck et al. 2009].

## 2.2.2 Motivation und Veränderungsbereitschaft

Oft wird Motivation als eine Art Eigenschaft verstanden und mit Willenskraft gleichgesetzt. Wenn Klienten dann keine solche deutliche Willensstärke demonstrieren, gehen manche Ärzte und Therapeuten davon aus, dass auch keine Motivation vorhanden sei. Mitunter wird daraufhin versucht, die Patienten zu einem bestimmten Verhalten zu ermuntern und mit verschiedensten Argumenten zu überzeugen. Ein solches Vorgehen hat sich allerdings als wenig wirksam herausgestellt und löst beim Gegenüber eher Widerstand als die Bereitschaft zu einer Verhaltensänderung aus. Je mehr für die Veränderung argumentiert und plädiert wird, desto mehr Gegenargumente werden geäußert und verbale sowie nonverbal gezeigte Reaktanz provoziert.

**Was ist Motivation?**

In der Motivierenden Gesprächsführung gehen wir von einem etwas anderen Konzept aus und verstehen Motivation als Verhaltensbereitschaft. Demnach handelt sich bei der Motivation um einen natürlichen Vorgang, der die Wahrscheinlichkeit für irgendwelche Schritte in Richtung eines speziellen Verhaltens betrifft. Im Kontext von intentionalen Verhaltens*änderungen* steht Motivation für die Veränderungsbereitschaft und Erhöhung der Wahrscheinlichkeit einer Verhaltensänderung.

> **Motivation = Verhaltensbereitschaft**
> → Wahrscheinlichkeit einer Verhaltensänderung

Die Klientenmotivation ist von zentraler Bedeutung für den Behandlungserfolg. In einer großen amerikanischen Behandlungsstudie alkoholkranker Patienten, dem Projekt MATCH, erwies sie sich sogar als stärkster Prädiktor für die Kurz- und Langzeitergebnisse [Project MATCH 1997]. Wenn wir also an einer Veränderung in Richtung gesundheitsförderlichen Verhaltens interessiert sind, sollten wir versuchen, die intrinsische Motivation zu unterstützen und zu fördern. Die Aufzählung gewichtiger Gründe für eine Verhaltensänderung ist hierbei, wie gesagt, unzulänglich. Wo also lässt sich stattdessen ansetzen?

### 2.2.2.1 Komponenten der Motivation

**Absicht**
**Intention.** Den meisten von uns erscheint es unmittelbar einleuchtend, dass Motivation mit der Absicht, irgendetwas zu tun oder zu lassen, verbunden ist. „Man muss nur richtig *wollen* ...“ heißt es oft im Zusammenhang der Klärung von Motivation und Veränderungsbereitschaft. Dass die Intention allein nicht ausreicht, wissen wir aus der psychologischen Handlungsforschung, die nicht die Absicht, sondern bereits gezeigtes Verhalten als besseren Prädiktor für ein spezielles Verhalten identifiziert hat. Doch was hat noch einen Einfluss auf Motivation und Verhaltensänderung?

**Fähigkeit und Selbstwirksamkeitserwartung.** Neben der Intention gibt es noch zwei weitere wesentliche Bestimmungsstücke der Motivation. Eines davon ist die Fähigkeit oder, besser gesagt, die selbst wahrgenommene Fähigkeit. Das Vorliegen meiner Verhaltensabsicht allein reicht nicht aus, ich muss auch in ausreichendem Maße davon überzeugt sein, es umsetzen zu *können.*

Dieser Punkt ist eng mit dem Konzept der Selbstwirksamkeitserwartung verknüpft. Diese bezeichnet die Erwartung, aufgrund eigener Fähigkeiten das beabsichtigte Verhalten erfolgreich umsetzen zu können. Selbstwirksamkeit umfasst sowohl die Zuversicht, in Belastungssituationen das gewünschte Verhalten zeigen zu können, als auch die Versuchung, in solchen Situationen auf unerwünschte Verhaltensweisen auszuweichen. Eine hohe internale Kontrollüberzeugung und internale Erfolgsattribution wirken sich positiv auf den tatsächlichen Erfolg aus. Die Überzeugung, sich verändern zu können, ist wichtiger Motivator und wirkt wie eine Self-fulfilling Prophecy. Das heißt, eine positive Erwartung macht eine positive Erfahrung wahrscheinlicher. Die Erfahrung von Selbstwirksamkeit in anderen Kontexten und die Exploration früherer Erfolge wirken sich positiv auf die aktuelle Selbstwirksamkeitserwartung aus. Doch auch der Glaube der Therapeuten an die Veränderungskompetenz von Patienten hat einen nicht unerheblichen Einfluss und kann ganz ähnlich wirken. Es wirkt unterstützend, wenn wir glaubhaft zeigen, dass wir unseren Klienten die Veränderung zutrauen und dass sie es schaffen können, ihre (realistischen!) Ziele zu erreichen. Demgegenüber wirkt es entsprechend demotivierend auf Klienten, wenn deren Fähigkeiten bezweifelt werden.

**Selbstwirksamkeitserwartung**

Bei der wahrgenommenen Fähigkeit geht es aber auch um das Wie der Verhaltensumsetzung. Wie kann das neue Verhalten geplant und implementiert werden, wie können Hindernisse ausgeräumt und Rückfallgefahren in altes Verhalten vermindert werden? Hier sind Kenntnisse und Fertigkeiten für die Umsetzung gefragt. Vielleicht kann auf Strategien zurückgegriffen werden, die in anderen Situationen bereits erfolgreich eingesetzt wurden. Oder es werden neue Ideen entwickelt. Nicht selten können hier aber auch Strategiedefizite deutlich werden, und es kann sich zeigen, dass Klienten keine konkrete Vorstellung haben, wie sie die gewünschte Veränderung meistern können.

**Know-how**

◢ *Ich würd' ja gern, aber ich krieg's einfach nicht hin!*

Auf diese geringe wahrgenommene Fähigkeit müssten wir später im Verlauf der Begleitung zurückkommen und gegebenenfalls entsprechende Tools aus der verhaltenstherapeutischen Werkzeugkiste anbieten.

**aktuell bereit sein**

**Bereitschaft.** Auch bei vorliegender Intention und wahrgenommener Fähigkeit, die Verhaltensänderung auch umzusetzen, bedarf es noch einer dritten Komponente, um das Verhalten auch tatsächlich zu ändern, nämlich der aktuellen Bereitschaft. Es kann sein, dass ich durchaus willig und fähig bin, aber zum Beispiel nicht zum jetzigen Zeitpunkt, nicht in dieser Lebensphase, nicht in der aktuellen Krise oder Ähnlichem. Beispielsweise kann der Entschluss vorliegen, mit dem Rauchen aufzuhören, und die Überzeugung vorhanden sein, dies auch schaffen zu können – aber nicht jetzt, sondern erst nach der wichtigen Prüfung oder Scheidung oder sonst einem bedeutsamen Hindernis der aktuellen Bereitschaft. In der Begleitung wäre es dann indiziert, diese Hindernisse der Bereitschaft genauer zu explorieren.

Es geht also um das Wollen, das Können und die zeit- und situationsabhängige Komponente der aktuellen Bereitschaft, wie in Abbildung 2.1 dargestellt. Es macht Sinn, alle drei Aspekte mit Klienten abzuklären und zu explorieren, wie sie sich einschätzen und wo eventuelle Hindernisse erlebt werden. Besonders wichtig ist hierbei, sich immer bewusst zu machen, dass Klienten selbst

**Abb. 2.1:** Komponenten der Motivation

verantwortlich für die Entscheidung zur Veränderung und deren Umsetzung sind, nicht ihre Therapeuten.

### 2.2.2.2 Motivationsförderung

Auch wenn Motivation und Veränderung natürliche Vorgänge sind, können wir im Gespräch einiges tun, um die Klientenmotivation zu fördern und die Wahrscheinlichkeit für eine Verhaltensänderung zu erhöhen. Eine personzentrierte Gesprächshaltung entsprechend der Motivierenden Gesprächsführung kann die intrinsische Motivation – selbst und gerade im Rahmen von Kurzinterventionen – positiv beeinflussen. Wie oben bereits erwähnt, ist es unterstützend und fördert die Selbstwirksamkeitserwartung von Klienten, wenn die professionellen Helfer ihnen diese Veränderung zutrauen und ihre Überzeugung zeigen, dass die Person es schaffen kann. Ein partnerschaftlicher Umgang miteinander und das Betonen der Entscheidungsfreiheit hinsichtlich der persönlichen Ziele fördert das Erleben von Selbstverantwortung und macht die geplanten Veränderungsschritte zur eigenen Sache der Klienten, was sie ja auch ist. Wir geben weder Ziele noch Umsetzungsprioritäten vor, sondern unterstützen über das Gesprächsverhalten die Veränderungsbereitschaft in Richtung gesundheitsförderlichen Verhaltens, indem wir vor allem durch selektive Reflexion der von Klienten geäußerten selbstmotivierenden Äußerungen (zu Fähigkeit, Bereitschaft, Gründen und Wünschen für eine Verhaltensänderung) deren Motivation verstärken.

**Unterstützung durch MI**

Unsere Rolle als professionelle Helfer entspricht in diesem Prozess eher der einer Hebamme als der eines Ratgebers. Auf das Wie und die konkreten Basisstrategien der Motivierenden Gesprächsführung wird in Kapitel 3 noch ausführlich eingegangen.

## 2.2.3 Transtheoretisches Modell

Prochaskas und DiClementes seit den Achtzigerjahren bekanntes transtheoretisches Modell der Verhaltensänderung wurde vor allem wegen der darin beschriebenen Stadien der Veränderung, der „stages of change", populär und fand Eingang in die theoretische Basis der Motivierenden Gesprächsführung. Das Modell wurde auf der Beobachtung von Personen, die ohne Hilfe mit dem Rau-

**Stadien der Veränderung**

**Abb. 2.2:** Stadien der Veränderung

chen aufhörten, entwickelt. Es beinhaltet sowohl diskrete Sta-
dienvariablen als auch kontinuierliche Prozessvariablen, wie die
subjektiven Pro- und Kontrapunkte einer Verhaltensänderung in
der Entscheidungsbalance, um menschliche Verhaltensänderung
zu beschreiben [Prochaska & DiClemente 1998]. Während eines
Veränderungsprozesses werden demzufolge fünf unterschiedliche Stadien durchlaufen: „Precontemplation", „Contemplation", „Preparation", „Action" und „Maintenance" [DiClemente
& Prochaska 1998]. Dem schließt sich mit „Termination" noch
eine theoretische und zumeist nicht dargestellte sechste Phase
an, in der das Verhalten endgültig aufgegeben wurde. Abbildung 2.2 zeigt einen schematischen Überblick der fünf Verände-
rungsstadien.

Das Modell wurde auf Basis von Beobachtungen entwickelt,
wie Menschen ohne Hilfe mit dem Rauchen aufhören, und wurde mittlerweile in vielen anderen Kontexten erforscht. Es pos-
tuliert als ein zentrales Element, dass während intentionaler Veränderungsprozesse verschiedene Stadien durchlaufen werden.

Beginnend mit dem Stadium der Absichtslosigkeit (Precontemplation) wird ein Zustand beschrieben, in welchem das problematische Verhalten stabil gezeigt wird und noch keine kritische Auseinandersetzung damit eingesetzt hat. Die Phase der Absichtsfindung (Contemplation) ist geprägt von einem wachsenden Problembewusstsein und dem Reifen einer Entscheidung, das aktuelle Verhalten zu ändern. Diese Selbstverpflichtung wird im Übergang zum Stadium der Vorbereitung (Preparation) entschieden und die konkrete Umsetzung der Verhaltensänderung geplant. Im anschließenden Stadium der Handlung (Action) werden das neue Verhalten sowie Rückfallvermeidungsstrategien implementiert, die dann im Stadium der Aufrechterhaltung (Maintenance) konsolidiert und als Alltagsroutinen fest verankert werden.

**Stagnation, Regression, Rückfall**

Während eines Veränderungsprozesses werden die beschriebenen Stadien sukzessive durchlaufen, was jedoch Stagnation innerhalb einer Phase, Regression oder das Zurückfallen in ein früheres Stadium nicht ausschließt. Grundsätzlich ist ein Rückfall jederzeit möglich, und oft werden mehrere (Teil-)Zyklen vor einer stabilen Verhaltensänderung durchlaufen.

Mit den verschiedenen Stadien werden unterschiedliche Veränderungsstrategien assoziiert, die ihrerseits ein entsprechendes unterstützendes therapeutisches Begleiterverhalten indizieren. Das Modell kann hilfreich sein zu identifizieren, wo sich Klienten gerade befinden, um das Beraterverhalten darauf abzustimmen. So gilt es beispielsweise im Stadium der Absichtsfindung, den Prozess der Auseinandersetzung mit den Pro- und Kontraaspekten durch Explorieren der Ambivalenz und Entwickeln von Diskrepanzen zu unterstützen. Die Planung konkreter Umsetzungsschritte, Analyse von Rückfallgefährdungen und Entwicklung von Rückfallvermeidungsstrategien wären in dieser Phase kontraindiziert und sind erst im Stadium der Vorbereitung angebracht.

### 2.2.4 Ambivalenz

Ambivalenz bezeichnet das zwiespältige Gefühl einem bestimmten Gegenstand gegenüber. Im Kontext von Verhaltensänderungen ist es gekennzeichnet vom gleichzeitigen Wollen und Nicht-

**Ambivalenz ist normal**

Wollen. Der Zustand von Ambivalenz ist für Menschen grundsätzlich eher schwer auszuhalten. Wir versuchen deshalb möglichst schnell, die Ambivalenz mit ihrem „Einerseits-andererseits", „Sowohl-als-auch" und Widersprüchen in eine Richtung aufzulösen. Gleichzeitig ist es aber auch ein natürlicher Zustand, der notwendigerweise alle Einstellungs- und Verhaltensänderungen begleitet. Im therapeutischen Kontext wird Ambivalenz nicht selten als Widerstand oder Mangel an Motivation ausgelegt, und in unserer entscheidungsfordernden Zeit scheinen wir gelernt zu haben, ihr gegenüber besonders skeptisch zu sein.

In der Motivierenden Gesprächsführung hingegen ist uns die Ambivalenz hochwillkommen. Indem deren Exploration und Auflösung begleitet und unterstützt wird, nutzen wir sie gezielt zur Förderung der intrinsischen Veränderungsbereitschaft. Die beiden Seiten der Ambivalenz zeigen uns die individuell wichtigen Aspekte, die für und gegen eine Veränderung sprechen. Sie beschreibt die relevanten Gründe, die für eine Verhaltensänderung und gegen das Problemverhalten sprechen. Sie zeigt aber auch – und das ist ebenso wichtig – die im subjektiven Wertesystem bedeutsamen Gründe, die das Problemverhalten motivieren, und die Hindernisse und Nachteile, die mit einer Verhaltensänderung verbunden wären. Sich damit auseinanderzusetzen und darunter liegende und konkurrierende Bedürfnisse zu benennen, ist eine wichtige Voraussetzung für die Auslösung der Ambivalenz, die einer Verhaltensänderung vorausgeht. In Kurzinterventionen der Motivierenden Gesprächsführung lassen sich aus dem individuellen Wertesystem Diskrepanzen ableiten. Die wahrgenommene Diskrepanz zwischen gegenwärtigem Verhalten und wichtigen persönlichen Werten und Zielen motiviert zur Veränderung. Das unangenehme Gefühl in dieser Diskrepanzwahrnehmung treibt die Bewegung in Richtung Veränderungsbereitschaft an. Doch dieser Prozess erfordert ausreichend Zeit.

**Argumente liefern die Klienten, nicht der Arzt**

Bei der Exploration der Ambivalenz ist besonders zu beachten, dass Klienten die Argumente pro und contra einer Veränderung selbst liefern, nicht die Ärzte oder Therapeuten. Wir wissen nicht, in welchem Wertesystem sich Klienten bewegen, wo individuelle Prioritäten liegen, welche Aspekte als besonders angenehm oder ungenehm, bedeutsam oder eher unwichtig empfunden werden. Was für die eine Person von hoher Bedeutung ist, kann für eine andere völlig unbedeutend sein. Körperliche Fitness, Erfolg und Leistungsfähigkeit rangieren im Wertesystem mancher Menschen ganz weit oben, in dem anderer Personen hingegen vielleicht ganz unten oder werden möglicherweise sogar abgelehnt. Wir wissen es nicht. Es können ganz andere Themen eine Rolle spielen als jene, die professionellen Helfern spontan einfallen.

Um dies an einem Beispiel zu illustrieren: Wenn uns beispielsweise ein stark übergewichtiger Patient mit suspekten Laborwerten gegenübersitzt, lassen sich vermutlich viele – medizinisch durchaus relevante – Gründe finden, die für eine Gewichtsreduktion und Änderung der Ernährungs- und Bewegungsgewohnheiten sprechen. Wie plausibel diese auch erscheinen mögen, bevor wir den Patienten damit überfallsartig bedrängen, sollten wir uns in Erinnerung rufen, dass wir nicht wissen, ob die Person unsere Werte, Ziele und Prioritäten teilt. Vielleicht sind es völlig andere Gründe und mit dem Gewicht verbundene Aspekte, die eine persönliche Bedeutung haben und so als Motivator für eine gesundheitsförderliche Verhaltensänderung dienen könnten. Es könnte vielleicht die sexuelle Attraktivität eine Rolle spielen und das nicht mehr zum Spiegelbild passende Selbstbild. Oder der Wunsch, mit den Kindern mithalten zu können und nicht so schnell aus der Puste zu kommen. Vielleicht wurde der Person im Bus neulich ein Platz angeboten, was als peinlich und unangenehm erlebt wurde. Oder es ist gerade ein naher Verwandter gestorben, und die Sorge um die eigene Gesundheit drängt sich plötzlich ins Bewusstsein. Vielleicht hatte die Person früher auch viel Spaß am Tanzen, und es wäre schön, wieder daran anzuknüpfen. Vielleicht könnte sie einen Leuchtturm erben, aber die vielen Treppenstufen sind bei dem Körpergewicht nicht zu schaffen. Wie skurril, trivial oder bedeutsam auch immer die vom Betroffenen genannten Beweggründe sein mögen, sie sind vermutlich wichtiger als all die Gründe, die *uns* bei diesem Problem einfallen. Sie lassen sich nicht erahnen, aber das ist auch nicht nötig. Es reicht aus, aufmerksam und aktiv zuzuhören, um die individuellen Werte und Ziele zu explorieren und im Zusammenhang mit dem gesundheitlichen Problem zu reflektieren.

Wie das geht, zeigt das nächste Kapitel.

# 3 Interventionen und Übungen

In diesem Kapitel geht es darum, die Basics und praxisorientierten Kurzinterventionen der Motivierenden Gesprächsführung vorzustellen und entsprechende Übungen zum Ausprobieren vorzuschlagen. Das Kapitel ist in zwei Teile unterteilt: die Grundlagen der Motivierenden Gesprächsführung in Kapitel 3.1 und die Kurzinterventionen in Kapitel 3.2.

**Aufbau des Kapitels**

Das Grundlagenkapitel beschäftigt sich mit der Grundhaltung, den Prinzipien und Zielen sowie den Basisstrategien der Motivierenden Gesprächsführung. Das Kapitel zu ausgewählten Kurzinterventionen hat konkrete Anwendungsmethoden zum Inhalt: Eröffnungszüge, Themen sammeln, Entscheidungswaage und Selbsteinschätzung des Klienten.

Beide Kapitel beinhalten auch ausführliche Übungsabschnitte mit jeweils folgenden Elementen:

◢ Vorstellung und Erklärung der Interventionen
◢ Exemplarische Gesprächssequenzen präsentierter Interventionen
◢ Übungsvorschläge

## 3.1 Grundlagen Motivierender Gesprächsführung

*Katrin M. Frick*

Motivierende Gesprächsführung oder Motivational Interviewing (MI) wurde, wie eingangs erläutert, als klinische Kommunikationsmethode entwickelt. Die Grundlagen dieses Verfahrens sind Gegenstand des nun folgenden Kapitels. Es geht um die Frage, wie Motivierende Gesprächsführung praktisch angewendet wird. Zunächst wird in Kapitel 3.1.1 die Grundhaltung vorgestellt, danach werden in Kapitel 3.1.2 die angewandten Prinzipien the-

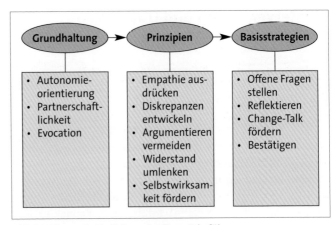

**Abb. 3.1:** Elemente Motivierender Gesprächsführung

matisiert. Kapitel 3.1.3 beschäftigt sich ausführlich mit den einzelnen Basisstrategien, die konkret angewandt werden, bevor abschließend in Kapitel 3.1.4 problematische Kommunikationsmuster erörtert werden.

Motivierende Gesprächsführung ist keine Ansammlung bloßer Techniken, sondern basiert auf einer bestimmten Grundhaltung und folgt speziellen Prinzipien, die durch Anwendung entsprechender Basisstrategien erzielt werden. Abbildung 3.1 gibt einen Überblick der wesentlichen Elemente Motivierender Gesprächsführung.

**Lernen von MI**     Diese Elemente sind vermittelbar, nachvollziehbar und grundsätzlich erlernbar. Vielleicht mit Ausnahme der Grundhaltung, bei der es – wie im folgenden Abschnitt erläutert – eher um einen kontinuierlichen Prozess des Bewusstmachens und Vergegenwärtigens einer humanistischen Grundhaltung geht, die mit einem entsprechenden Menschenbild assoziiert ist. Motivierende Gesprächsführung ist nicht an einem Tag oder in einem Workshop zu erlernen und auch nicht durch die einmalige Lektüre eines Buches. Es benötigt Zeit und vor allen Dingen Übung und Erfahrung, im Idealfall auch noch Supervision. Als prozedurale Fertigkeit wird kein diskreter Zustand des Könnens oder Nicht-Könnens erreicht, der wie ein Kippschalter irgendwann umgelegt wird. Es ist vielmehr ein kontinuierlicher Prozess der Auseinandersetzung, des praxisbezogenen Lernens durch die Anwendung. In gewisser Weise könnte man sagen, dass wir Motivierende Gesprächsführung von und durch unsere Klienten erlernen. Nichts-destotrotz hat die kognitive Beschäftigung mit den Grundlagen ihre Berechtigung. So dient auch das vorliegende Buch dem Ken-nenlernen von Grundkonzepten, -annahmen und -begriffen als Voraussetzung für das anschließende Ausprobieren und Lernen durch die konkrete Gesprächserfahrung.

Zum Üben stehen zwei Wege zur Verfügung: die Anwendung in berufsalltäglichen Gesprächssituationen Ihrer Praxis sowie das kollegiale Lernen in gegenseitiger Begleitung oder Rollenspiel. Sofort nachdem Sie erste Konstrukte Motivierender Gesprächs-führung kennengelernt haben, können Sie damit beginnen, ein-zelne Aspekte oder das, was Ihnen verständlich oder wichtig er-schien, im Gespräch mit Ihren Patienten und Klienten anzuwen-den. Hierbei ist nicht nur aktives Gesprächsverhalten gemeint, sondern auch passives, d.h. genaues Beobachten und Zuhören. So ist es beispielsweise für die Beurteilung der Partnerschaftlich-keit (s. Kap. 3.1.1) oder das Verständnis des Konstruktes Change-Talk (s. Kap. 3.1.3.3) sinnvoll, zunächst einmal im Gesprächsver-lauf einfach auf diese Aspekte zu achten und die Aufmerksamkeit eine Zeit lang explizit darauf zu lenken.

Als besonders hilfreich hat sich auch das kollegiale Üben er-wiesen. Sollten Sie die Möglichkeit haben, sich ab und zu mit ein oder zwei gleich gesinnten Kollegen, Teammitgliedern oder Kurs-teilnehmern zu treffen, ist dies eine besonders effektive Art, um Gesprächsführung zu üben. Wir haben sehr gute Erfahrungen mit dem kollegialen Lernen in Tandem- oder Dreiergruppen ge-macht. Im Gegensatz zur Anwendung mit Klienten bietet diese Lernumgebung gleichzeitig die Möglichkeit des direkten Feed-backs und kollegialer Supervision. Sie können sich direkt austau-schen, Unsicherheiten ausräumen, Schwierigkeiten reflektieren und gemeinsam lösen. Vielleicht möchten Sie typische Situatio-nen aus Ihrem Berufsalltag im Rollenspiel üben. Besonders zu empfehlen ist jedoch auch das Üben der basalen Gesprächsfertig-keiten, indem Sie sich selbst mit echten Themen einbringen. Dies vermeidet den oft empfundenen Nachteil einer gewissen Künst-lichkeit gestellter Rollenspiele. Die Vorteile der kollegialen Refle-xion auf der Metaebene werden so mit der Komplexität und Echtheit realer Gesprächssituationen verbunden. Wenn es Ihnen zusagt und Sie die Möglichkeit dazu haben, sei Ihnen diese Form des Lernens besonders ans Herz gelegt.

**Welche Übungs-möglichkeiten gibt es?**

> **Selbst organisierte kollegiale Lern- und Übungsgruppen**
> ☺ intensives Lernen
> ☺ direktes Feedback
> ☺ angstfreie Werkstattatmosphäre
> ✓ regelmäßige Treffen in frei vereinbarten Zeiträumen
> ✓ bedarfsorientierte Frequenz, Dauer, Inhalte

Wenn Sie aus technisch-organisatorischen Gründen oder aus Abneigung gegen diese Arbeitsform auf das Üben in Kleingruppen verzichten wollen, können Sie auch einfach versuchen, Motivierende Gesprächsführung in alltäglichen Situationen Ihrer Berufspraxis anzuwenden. Durch Learning by Doing können Sie die Grundhaltung auch im realen Klientengespräch reflektieren und Basisstrategien ausprobieren.

### 3.1.1 MI-Grundhaltung

Motivierende Gesprächsführung ist von einer personzentrierten Grundhaltung mit autonomieorientiertem Menschenbild und partnerschaftlicher Beziehungs- und Gesprächsgestaltung geprägt – von Miller und Rollnick [2004] auch *Spirit* der Motivierenden Gesprächsführung genannt. Die Verwirklichung dieser Grundhaltung ist von zentraler Bedeutung und hat unseres Erachtens einen gewichtigeren Anteil am Gelingen Motivierender Gesprächsführung als die Umsetzung der eher technischen Aspekte. Doch wie ist diese Grundhaltung zu verstehen?

**Unterschied zu konfrontativen Methoden**     In der Motivierenden Gesprächsführung geht es um Veränderung. Doch im Gegensatz zu hart konfrontierenden Methoden wird in der Motivierenden Gesprächsführung die Wahl- und Entscheidungsfreiheit explizit betont. Es sind immer die Patienten, die entscheiden, ob, wann, warum und wie sie sich ändern. Wir gehen nicht davon aus, dass das Erleben von Schuld, Scham, Angst und Versagen motivierend ist, und bedrohendes oder demütigendes Konfrontieren ist mit unserer Vorstellung von Menschenwürde nicht vereinbar. Veränderungsbereitschaft erfordert auch keinen Höhepunkt des persönlichen Leids, das oft beschriebene „völlig-am-Boden-sein-Müssen" als Voraussetzung für Veränderung. Verhaltensänderungen sind jederzeit möglich. Auch die Annahme eines womöglich stigmatisierenden diagnostischen Labels (wie häufig bei Abhängigkeitserkrankungen so erlebt) wird nicht als notwendig angesehen.

Die Einordnung der Problematik orientiert sich am Health-Belief-Modell der Klienten und deren geäußerten Überzeugungen und Attributionen. Sollte dazu ein somatisches (*„Sucht ist eben eine Krankheit"*), psychosomatisches (*„Ich hatte einfach zu viel Stress im letzten Jahr"*) oder genetisches Krankheitsbild (*„In unserer Familie sind alle so gute Futterverwerter und haben mit Übergewicht zu kämpfen"*) gehören, wird dies in der Reflexion aufgegriffen. Letztendlich ist es egal, auf welchem Modell und welchen Argumenten basierend Patienten ihre Veränderungsbereitschaft begründen und entwickeln.

Es geht nicht darum, ein umfassendes naturwissenschaftliches Erklärungsmodell zu dozieren und Patienten eines Besseren zu belehren und ihnen irgendetwas aufzudrängen oder in sie hineinzupflanzen. Wir unterstützen sie – und das ist der direktive Anteil – in allem, was eine Entwicklung und Veränderung in Richtung gesundheitsförderlichen Verhaltens fördert. Dies schließt eine respektvoll angebotene ärztliche Empfehlung, wie sie sich durchaus als prädiktiv wirksam herausgestellt hat (s. FRAMES-Konzept, Kap. 3.2), nicht zwingend aus. Auch wenn entsprechender Informationsbedarf geäußert und die medizinische Expertise konkret angefragt wird, soll darauf natürlich geantwortet werden. Aber die Entscheidung hinsichtlich Art, Zeitpunkt und Umfang liegt bei den Betroffenen. Es ist ein personzentriertes und kein störungsspezifisches Vorgehen. Welche Informationen oder Attributionen beispielsweise als hilfreich und motivierend für eine Diäteinhaltung erlebt werden, kann bei einer an Diabetes erkrankten Person ganz anders aussehen als bei einer anderen. Wie gesagt geben wir in der professionellen Begleitung nicht vor, ob, wann, warum und wie Klienten ihr Verhalten ändern.

> **! Merksatz: Entscheidungsfreiheit**
> **•** Die Entscheidung liegt immer bei den Klienten und Patienten!

Die Autonomie der Klienten ist in der Motivierenden Gesprächsführung als personzentrierte Methode von zentraler Bedeutung.

**Autonomie-orientierung**

Es ist eine Grundannahme, dass Klienten zu selbstbestimmten Entscheidungen fähig sind, und diese Entscheidungsfreiheit wird jederzeit respektiert. Wer sonst soll denn auch die Verantwortung über die Lebensführung und daraus resultierenden Konsequenzen tragen, wenn nicht die Person selbst? Sie ist Expertin im eigenen Leben und muss die getroffenen Entscheidungen schließlich auch im Alltag umsetzen und bewältigen. So gibt es auch eine pragmatische Sichtweise auf die Autonomieorientierung. Denn von den ethischen Erwägungen einmal abgesehen, lehrt es die klinische Erfahrung, dass fremdmotivierte oder gar erzwungene Entscheidungen kaum zu stabilen Verhaltensänderungen führen würden. Nicht wir machen die Veränderung, sondern die Klienten. Wir müssen nicht das Problem für Klienten lösen, sondern unterstützen nur den Prozess, den die Person selbst gestaltet. Auch wenn es vielleicht manchem schwer fällt, sich in der Verantwortungsübernahme zu bremsen, kann diese Sichtweise auch zu einer entlastenden Perspektive für professionell Helfende werden.

Als Prozessbegleitende geben wir also nicht vor, ob, wann, warum und wie jemand eine Veränderung anstrebt. Aber wir unterstützen den individuellen Prozess, dies herauszufinden. Wir betonen die Entscheidungsfreiheit und fördern das Erleben eines entsprechenden Entscheidungsspielraums. Wir fördern die Auseinandersetzung mit der Ambivalenz, um zu explorieren, was aus subjektiver Sicht für und wider ein gesundheitsförderliches Verhalten respektive Problemverhalten spricht, und versuchen, entsprechende Äußerungen hervorzurufen. Und wir unterstützen den Umsetzungsprozess, wenn eine – wie auch immer geartete – Veränderungsabsicht geäußert und Entscheidung getroffen wurde.

**Partnerschaft-**
**lichkeit**
Aus dem Menschenbild von selbstverantwortlichen, autonomen Klienten leitet sich die Partnerschaftlichkeit als Kennzeichen der therapeutischen Beziehung ab. Es ist ein respektvoller Umgang mit Kommunikation auf Augenhöhe und Achtung der Entscheidungsfreiheit und Autonomie der Klienten. Dieses Rollenverständnis steht im Gegensatz zu einem autoritären Modell, wie es historisch bedingt im hierarchiegeprägten medizinischen Kontext lange anzutreffen war und in dem sich übergeordnete Experten und untergeordnete Patienten in einem Abhängigkeitsverhältnis gegenüberstehen. In der ärztlichen Praxis fordern Patienten die medizinische Expertise und Empfehlung jedoch manchmal gezielt ein. Das bedeutet allerdings nicht, dass die Zie-

le damit automatisch festgelegt sind und daraus eine paternalistische Verantwortungsübernahme und Verschiebung der Rollen zu einem aktiven und einem passiven Interaktionspartner folgen muss. Information und begleiteter Bewertungsprozess können gleichermaßen partnerschaftlich fortgesetzt werden. In diesem Kontext sei auch auf die Konzepte des „Shared decision making" verwiesen [Härter et al. 2005].

Ziele und Entscheidungen werden nicht vorgegeben. Vielmehr erfüllen professionelle Helfer eher die Rolle von Prozess- und Kommunikationsprofis, die einen Veränderungsprozess von der Absichtsfindung bis zur Umsetzung und Aufrechterhaltung begleiten. Ärzte oder Therapeuten versuchen hierbei, die Motivation und individuellen Beweggründe hervorzulocken oder herauszukitzeln, wie Miller und Rollnick [2004] das Prinzip von Evocation beschreiben. Anstelle autoritär zu ermahnen und Anweisungen zu geben, wo es langgeht, steht hier also das die Klientenautonomie respektierende Hervorrufen und Herauslocken von intrinsischer Motivation, Zielen und Beweggründen für eine Veränderung auf Basis des subjektiven Wertesystems der Person im Mittelpunkt.

**Evocation**

---

**Grundhaltung in der Motivierenden Gesprächsführung – „MI-Spirit":**

◢ Autonomie

◢ Partnerschaftlichkeit

◢ Evocation = hervorrufen statt vorgeben

---

Um eine solche Grundhaltung zu verwirklichen, bedarf es neben einem entsprechenden Menschenbild auch der stetigen Vergegenwärtigung eigener Einstellungen und Aufträge. Haben Sie das gleiche Ziel wie Ihr Klient oder Patient? Was ist denn *Ihre* Agenda? Vielleicht werden sich innere Konflikte oder institutionell bedingte widersprüchliche Ziele nicht immer vermeiden lassen. Solche können beispielsweise aus parallel zur ärztlichen Fürsorgepflicht definierten Kontroll- und Disziplinierungsfunktionen erwachsen, wie sie häufig im betriebsärztlichen Kontext anzutreffen sind. Doch gerade dann ist es wichtig, sich solche widersprüchlichen Aufträge kontinuierlich bewusst zu machen und auf der Metaebene zu reflektieren. Transparenz ist gefordert, wenn Zielkonflikte einer offenen Gesprächsatmosphäre in personzentrierter Grundhaltung im Wege stehen. Das offene An-

**Zielkonflikte**

**Tanz oder Tauzie-**
**hen – wie wirkt**
**die Interaktion als**
**Ganzes?**

sprechen des Dilemmas kann die Gesprächssituation wieder öffnen sowie Möglichkeiten und Grenzen der Begleitung klären.

Um die Verwirklichung der MI-Grundhaltung zu überprüfen, ist es sinnvoll, sich die Interaktion als Ganzes und die Gesprächsatmosphäre anzuschauen. Welchen Gesamteindruck haben Sie von der Gesprächssituation, wenn Sie diese auf sich wirken lassen? Wirkt das Ganze eher wie ein Tanz oder eher wie ein Tauziehen? Wie harmonisch wirkt die Interaktion, die sich über verbale und nonverbale Kommunikation ausdrückt, über Körperhaltung, Mimik und Gesprächsfluss? All das fließt in die Globalbewertung ein, die Sie immer wieder selbst während des Gesprächs checken können, um gegebenenfalls etwas an Ihrem Verhalten zu ändern. Sollten Sie zum Beispiel den Eindruck eines anstrengenden Gezerres haben und bemerken, wie Sie sich angestrengt in Argumentationen verlieren, während Ihr Gegenüber immer reaktanter wirkt, ist es Zeit, sich zurückzulehnen, zu entspannen und etwas anderes zu tun, vielleicht einfach eine Weile nur zu reflektieren. Dazu mehr in den folgenden Abschnitten.

Doch zunächst möchten wir Ihnen eine einfache Übung vorschlagen, um die Grundhaltung in einem ganz alltäglichen Patientengespräch einmal genauer anzuschauen.

---

**Übung 3: MI-Grundhaltung**

Achten Sie beim nächsten Patienten-/Klientengespräch einmal gezielt auf die Gesprächsatmosphäre und Interaktion als Ganzes. Wie wirkt diese auf Sie?

◢ Ist es eher wie ein Tanz oder eher wie ein Tauziehen?

◢ Was fällt Ihnen an Körpersprache oder Mimik Ihres Klienten/Patienten auf?

◢ Was fällt Ihnen auf, wenn Sie Ihre eigene Haltung bewusst wahrnehmen? Wie angespannt oder entspannt fühlen Sie sich? Sind Sie eher unruhig-nervös, aufmerksam oder ungeduldig?

◢ Welche Kognitionen oder Gefühle löst die gesamte Gesprächssituation bei Ihnen aus?

◢ Wie ist die Gewichtung der Gesprächsanteile zwischen Ihnen und Ihrer Patientin/Klientin? Wie lange kommt Ihr Gegenüber zu Wort, oder sind es nur knappe Antworten auf Ihre Fragen?

▲ Wie partnerschaftlich wirkt die Beziehung in diesem konkreten Gespräch auf Sie? Geben Sie Ratschläge oder Anweisungen? Wie erleben Sie Selbstverantwortlichkeit und Autonomie Ihres Patienten/Ihrer Klientin?

Sie brauchen sich auf dieses Gespräch nicht extra vorzubereiten. Es geht auch nicht um eine Bewertung im Sinne von gut oder schlecht. Ziel dieser Übung ist vielmehr, die Aufmerksamkeit auf Ihre Grundhaltung und die Interaktion als Ganzes zu lenken, sich zu sensibilisieren für die Wahrnehmung der Verwirklichung von Partnerschaftlichkeit, Autonomie und Wertschätzung.

### 3.1.2 MI-Prinzipien

Aufbauend auf der personzentrierten Grundhaltung gibt es in der Motivierenden Gesprächsführung folgende Grundprinzipien und prinzipielle Interventionen, die im nun folgenden Abschnitt vorgestellt werden:
▲ Empathie ausdrücken
▲ Diskrepanzen entwickeln
▲ Argumentieren vermeiden
▲ Widerstand umlenken
▲ Selbstwirksamkeit fördern

Miller und Rollnick [2004] beschreiben in der Neuauflage der Motivierenden Gesprächsführung nur noch vier Basisprinzipien. Da wir den Punkt jedoch für wichtig erachten, haben wir das Prinzip „Argumentieren vermeiden" auch weiterhin mit aufgenommen.

Einleitend sei folgende Sequenz aus einem Gespräch zwischen Patient und Ärztin als einfaches Beispiel und erster Eindruck eingefügt. In späteren Abschnitten werden Teile daraus noch einmal zur Demonstration einzelner Aspekte angeführt und im Detail erläutert.

Patient: *„Neulich hat mir meine Frau wieder so ein Nichtraucherbuch hingelegt, Sie wissen schon, ‚Endlich Nichtraucher' oder so ähnlich. So als Wink mit dem Zaunpfahl. Und – können Sie sich das vor-*

*stellen – ich hab mir das dann tatsächlich mal angeguckt und so 'n bisschen drin gelesen. Ich!"*

Ärztin: *„Da sind Sie selbst ganz überrascht, dass Sie sich so ein Buch angesehen haben ...“*

P: *„Na ja, schon. Ich will ja überhaupt nicht aufhören im Moment. Und das weiß meine Frau auch. Die kommt aber trotzdem ständig an mit so 'nem Zeug, da kennt die nix.“*

Ä: *„Das nervt Sie ganz schön ...“*

P: *„Und wie! Als hätte ich nicht schon genug Stress am Hals ... Na ja, ich kann schon verstehen, dass sie sich Sorgen macht. Weiß man ja, dass das nicht so gut ist für die Gesundheit mit dem Rauchen. Aber nicht, dass Sie jetzt auch noch damit anfangen!“*

Ä: *(lachend)„Genau, wenn Sie Ihre Ärztin jetzt auch noch damit bedrängen würde, das würde Ihnen grad noch fehlen, das wäre dann echt zu viel ...“*

P: *(lachend) „Allerdings ... Na ja, Sie können schon was sagen. Hab nur gerade wirklich genug am Bein, ist mal wieder super stressig im Betrieb, wissen Sie: zwei Mitarbeiter für längere Zeit krank und ein paar Großaufträge am laufen. Dann ist auch noch die eine Maschine ausgefallen, und ich krieg die nicht repariert ...“*

Ä: *„Das klingt ganz schön anstrengend und belastend, worum Sie sich alles kümmern müssen.“*

P: *„Na ja, wer soll es denn sonst tun? Auf jeden Fall geht das im Moment gar nicht, da auch noch mit dem Rauchen aufzuhören! Im Moment brauch ich das einfach, um überhaupt mal runterzukommen in dem ganzen Stress.“*

Ä: *„Hm, das entspannt Sie dann schon, so ab und zu eine Zigarette zu rauchen.“*

P: *„Ja, da komm ich dann erst mal ein bisschen runter ... Manchmal braucht's auch noch eine, und manchmal reicht das dann auch noch nicht. Aber normalerweise rauch ich ja nicht Kette oder so, da passe ich schon auf, dass das nicht aus dem Ruder läuft. Aber ganz aufhören will ich trotzdem nicht.“*

Ä: *„Ganz aufhören wäre zu viel gerade, das ist Ihnen so ganz klar im Moment.“*

P: *„Ja, also nee, das geht echt nicht. Da kann meine Frau mir noch so viele Bücher hinlegen ...“*

Ä: *„Da lassen Sie sich nicht von unter Druck setzen ... Und trotzdem haben Sie dann doch mal reingeguckt in das Buch ...“*

P: *„Das ist echt seltsam, nicht wahr?“*

Ä: *„Sie sind wirklich erstaunt darüber, dass Sie da reingeschaut haben."*

P: *„Na ja, mal so reingucken schadet ja auch nichts. Irgendwann werd ich ja vielleicht schon mal was unternehmen mit dem Rauchen. Jetzt geht's halt echt nicht. Aber irgendwann mal. Ist ja schon besser für den Körper, auch mit dem Blutdruck und Kreislauf und dem Ganzen. Bin neulich mal wieder mit dem Mountainbike los, jetzt wo endlich Frühling ist, hoch auf den Schönberg, da kam ich ja ganz schön aus der Puste ..."*

Ä: *„Hm, das hat Sie etwas beunruhigt, da nicht mehr so gut den Berg hochzukommen."*

P: *„Ja, war schon etwas peinlich. So einen Berg hab ich früher mit links genommen. Und jetzt so keuchend mit rotem Kopf und 'nem Puls von was-weiß-ich-wie-hoch, also nee ..."*

Ä: *„Das ist Ihnen richtig unangenehm, sich nicht mehr so fit zu fühlen wie früher."*

P: *„Schon. Ich bin früher viel Rad gefahren, hab überhaupt immer viel Sport gemacht und war echt fit. Aber das ist bei dem ganzen Stress natürlich auch zu kurz gekommen. Und jetzt schaffe ich noch nicht mal mehr den Schönberg!"*

Ä: *„Das scheint Sie richtig ein bisschen zu ärgern. Wie war das denn früher mit dem Sport bei Ihnen?"*

P: *„Na ja, ich bin halt im Verein gefahren. Also, ich hab immer viel gemacht, auch schon in der Jugend, erst Fußball, dann eine Zeit lang mal Tischtennis, das war aber nicht so mein Ding, und dann bin ich beim Radsport hängengeblieben, da war ich eine Zeitlang richtig gut, hab an Meisterschaften teilgenommen ... na ja, und später dann selber die Jugend trainiert."*

Ä: *„Das klingt so, als sei Sport schon etwas ziemlich Wichtiges für Sie, das Ihnen eigentlich viel Spaß macht."*

P: *„Hm, klar ... wieder fitter zu sein, wär schon gut. Und wieder mehr Leistung bringen können beim Radfahren."*

Ä: *„Also, auf der einen Seite würden Sie schon gern wieder fitter sein, was ohne Rauchen besser ginge. Und auf der anderen Seite können Sie sich gerade gar nicht vorstellen, im Moment mit dem Rauchen aufzuhören, weil Sie so unter Druck stehen."*

### 3.1.2.1 Empathie ausdrücken

**einfühlendes Verstehen des verbal und nonverbal Geäußerten**

Eingangs wiesen wir bereits auf die besondere Bedeutung der Empathie hin (s. Kap. 2.2.1). Das von Empathie getragene therapeutische Gesprächsverhalten ist zentrales Element der Motivierenden Gesprächsführung. Ein von Empathie getragenes Gespräch schafft Vertrauen und eröffnet einen Raum, der zur Exploration einlädt. In diesem können Klienten ihr Dilemma in wohlwollender Begleitung sortieren, die Ambivalenz explorieren und in eigenem Tempo und Zielrichtung auflösen.

Empathie bezeichnet einfühlendes Verstehen des von der Person verbal und nonverbal Ausgedrückten. Dieses einfühlende Verstehen wird ebenfalls verbal und nonverbal durch den Therapeuten ausgedrückt und den Klienten wieder angeboten, die sich so in ihren Äußerungen verstanden fühlen. Neben dem nonverbalen „Mitschwingen" wird Empathie über geschicktes Reflektieren und aktives Zuhören ausgedrückt (s. Kap. 3.1.3.2).

Das Spiegeln der geäußerten Einstellungen, Bewertungen und Gefühle bietet Klienten eine Evaluationsgelegenheit, ob es so richtig verstanden wurde und das Gemeinte und Empfundene auch trifft. Liegen wir mit unserer Reflexion etwas daneben, kann die Person dies direkt korrigieren und präzisieren. Gleichzeitig schaffen die empathischen Reflexionen einen gewissen Abstand zum Problem und ermöglichen Klienten die Betrachtung des Gegenstandes aus einer gewissen Distanz heraus.

Empathie ist eng mit dem ebenfalls oben erwähnten Konzept der Akzeptanz oder bedingungslosen Wertschätzung verbunden (s. Kap. 2.2.1). Wir müssen dabei Einstellungen und Werte nicht mit den Klienten teilen. Es reicht, sich um ein aufrichtiges Verstehen der Klientenperspektive zu bemühen und das Verstandene mitzuteilen. Auf diese Weise fühlen sich Klienten in ihrem So-Sein verstanden und angenommen. Das allein kann schon einen Veränderungsprozess unterstützen und zur Motivation beitragen. Unempathische Belehrungen und Bewertungen können hingegen das Gegenteil bewirken, Reaktanz auslösen und das kritisierte Verhalten sogar noch festigen.

**Übung 4: Empathisches Zuhören**

a) Übung in kollegialer Zweier- oder Dreiergruppe (mit Beobachter/in):

◢ Lassen Sie sich von Ihrem/Ihrer kollegialen Gesprächspartner/-partnerin erzählen, wie der letzte Arbeitstag verlief, und hören Sie empathisch und aktiv zu. Dauer etwa 10–15 Minuten.

◢ Tauschen Sie sich anschließend aus, wie Sie in der jeweiligen Rolle das Gespräch erlebt haben.

◢ Überlegen Sie, welche verbalen und nonverbalen Signale Empathie ausgedrückt haben.

◢ Dann Rollenwechsel

◢ Wenn Sie mögen, können Sie zum Vergleich Übung 9 a) Kapitel 3.1.4 anschließen und diskutieren, wie und wo Sie die Unterschiede erlebten.

b) Übung allein:

◢ Überlegen Sie, wie sich empathisches Zuhören verbal und nonverbal ausdrückt.

### 3.1.2.2 Diskrepanzen entwickeln

Die wahrgenommene Diskrepanz zwischen gegenwärtigem Verhalten und wichtigen persönlichen Werten und Zielen motiviert zur Veränderung. Steht unser aktuelles Verhalten im Einklang mit unseren Werten und Zielen, liegt ein stabiler und zufriedener Zustand vor, der in etwa mit dem Stadium der Absichtslosigkeit im transtheoretischen Modell von Prochaska und DiClemente korrespondiert (vgl. Kap. 2.2.3). Wozu sollte da etwas verändert werden? In einem solchen Fall lässt sich kaum zu einer Veränderung motivieren.

Ganz anders sieht es jedoch aus, wenn unsere subjektiven Ziele und Wertvorstellungen dem tatsächlichen Verhalten in irgendeiner Weise widersprechen. Dies löst eine unangenehme kognitive Dissonanz aus. Menschen sind bestrebt, solche kognitiven Dissonanzen irgendwie aufzulösen, indem entweder die Ist-Seite des gegenwärtigen Verhaltens oder auf der Seite der Sollwerte das Anspruchsniveau verändert wird. Möchten wir Menschen in ihrer Veränderungsmotivation unterstützen, kön-

**Diskrepanzen fördern Veränderung**

nen wir also gezielt an diesen Diskrepanzen ansetzen. Die individuellen Ambivalenzen sind uns in der Motivierenden Gesprächsführung hochwillkommen.

Auch hier ist es wichtig, dass die Inhalte der als diskrepant zum gegenwärtigen Verhalten wahrgenommenen Ziele und Werte vom Klienten selbst formuliert werden. Das Angebot imaginierter Diskrepanzen und relevanter Beweggründe seitens des Arztes oder Therapeuten dürfte bei der Person hingegen eher Widerstand auslösen, da es als Kritik aufgefasst werden könnte.

**subjektive Werte und Ziele reflektieren** Es geht also um die individuellen Werte und Zielvorstellungen der Person, die die veränderungsmotivierende Diskrepanz speisen. Deshalb ist es auch so wichtig, genau zuzuhören, wenn Klienten über ihre Ziele und Wertvorstellungen sprechen, auch wenn diese scheinbar gar nicht in unmittelbarem Zusammenhang mit dem problematischen Verhalten stehen. Solche Äußerungen sollten immer aufgenommen und reflektiert werden, da sie häufig an irgendeiner Stelle doch mit dem Problemverhalten kollidieren.

Eine Klientin mit eher traditioneller Rollenorientierung kann beispielsweise ausgiebig von der Familie erzählen, stolz von ihren Kindern berichten und davon, wie sie sich um alles kümmert, was sie alles macht, damit alles gut läuft in der Familie etc. Eine Reflexion, die die damit transportierten Einstellungen spiegelt, könnte je nach Konnotation etwa lauten: *„Ihre Familie ist Ihnen schon sehr wichtig"* oder *„... die Familie steht da an erster Stelle bei Ihnen, das ist Ihnen schon sehr wichtig, sich um alles richtig gut zu kümmern"* oder *„Da sind Sie ganz schön stolz auf Ihre Kinder – und unterstützen die auch gerne ...".* Die benannten Einstellungen werden so gehalten, können von der Klientin genauer oder weiter exploriert werden und stehen dann zur Verfügung, wenn sie irgendeine Relevanz für das gesundheitliche Problemverhalten haben. So kann sich dann zum Beispiel herausstellen, dass dieser Familienorientierung zum Trotz das traditionelle Geburtstagsfrühstück der Tochter aufgrund eines Alkoholexzesses am Vorabend verschlafen wurde. Das problematische konkrete Trinkverhalten steht so im Widerspruch zum idealen Selbstbild als guter Mutter, wie sich die Klientin eine solche vorstellt. Die dadurch ausgelöste kognitive Dissonanz ist unangenehm auszuhalten und kann durch Spiegelung der persönlichen Werte das Problembewusstsein bezüglich des Alkoholkonsums fördern und zu einer Verhaltensänderung motivieren.

Auch in der eingangs angeführten Gesprächssequenz findet sich ein Beispiel für die Diskrepanzentwicklung:

P: *„Na ja, ich bin halt im Verein gefahren. Also, ich hab immer viel gemacht, auch schon in der Jugend, erst Fußball, dann eine Zeitlang mal Tischtennis, das war aber nicht so mein Ding, und dann bin ich beim Radsport hängengeblieben, da war ich eine Zeit lang richtig gut, hab an Meisterschaften teilgenommen – na ja, und später dann selber die Jugend trainiert.“*

Ä: *„Das klingt so, als sei Sport schon etwas ziemlich Wichtiges für Sie, das Ihnen eigentlich viel Spaß macht.“*

P: *„Hm, klar … wieder fitter zu sein, wär schon gut. Und wieder mehr Leistung bringen können beim Radfahren.“*

Ä: *„Also, auf der einen Seite würden Sie schon gern wieder fitter sein, was ohne Rauchen besser ginge. Und auf der anderen Seite können Sie sich gerade gar nicht vorstellen, im Moment mit dem Rauchen aufzuhören, weil Sie so unter Druck stehen.“*

Auch in diesem Beispiel werden subjektive Ziele und Werte aufgegriffen und die Wichtigkeit des Sporttreibens für den Patienten benannt. Diese Reflexion führt zu einer Vertiefung der Dissonanz hinsichtlich der Leistungsaspekte, die durch das Rauchen negativ beeinflusst werden. Das ideale Selbstbild eines körperlich fitten Mannes, der auch im Sport – und nicht nur bei der Arbeit – Leistung bringt, ist dissonant mit der durch das Rauchen eingeschränkten Lungenfunktion und geminderten sportlichen Leistung beim Radfahren. Die Entwicklung dieser Diskrepanz wird im Gespräch gefördert und durch entsprechende Reflexion deutlich benannt. Auf diese Weise wurde ein wichtiger individueller Motivationsgrund entwickelt, der – vielleicht zu einem späteren Zeitpunkt – die Entscheidung, mit dem Rauchen aufzuhören, unterstützen könnte.

### 3.1.2.3 Argumentieren vermeiden

Die Argumente für eine Veränderung sollten immer von der Person selbst kommen und nicht von Beratern, Ärzten oder Therapeuten vorgegeben werden. Nicht selten lässt sich in Gesprächen beobachten, wie sich Ärzte oder Beratende im Gesundheitswesen angestrengt bemühen, Argumente für eine – objektiv sinnvolle – Verhaltensänderung zu finden. Seien es allgemein bekannte, medizinisch begründete Argumentationslinien oder auch der Ver-

**die Selbstverantwortung bleibt bei Klienten und Patienten**

such, sich in die Person hineinzuversetzen, um triftige Gründe zu finden, diese von einem gesundheitsförderlichen Verhalten zu überzeugen. Die Folge ist zumeist ein argumentativer Schlagabtausch, auf Argument folgt Gegenargument wie in einem Ping-Pong-Spiel. Die wohlgemeinten Argumente und Ratschläge werden allerdings von den so Bedachten in der Regel mit „Ja, aber …" sofort entkräftet. Für die Therapeuten wird es immer anstrengender und frustrierender, und seitens der Patienten wachsen Reaktanz und Abwehr. Die Stimmung kann dann auf beiden Seiten zunehmend gereizt und ärgerlich erscheinen und manchmal sogar ganz kippen. Die ganze Gesprächssituation wirkt wie ein Tauziehen, in dem es nur Verlierer geben kann.

In der Motivierenden Gesprächsführung wird ein solches Tauziehen unbedingt vermieden. Ziel ist es, die Argumente und Veränderungsgründe von den Klienten selbst hervorzulocken und deren persönlichen Werten und Zielen zu folgen.

Manchmal stecken Klienten die Grenzen auch deutlich ab, in denen sie bereit sind, sich zu bewegen, und artikulieren explizit, dass sie keine „klugen Ratschläge" hören wollen. Wie in unserem Beispielgespräch, in dem der Patient klar äußert, dass er die allgemeinen gesundheitlichen Argumente, die gegen das Rauchen sprechen, nicht hören will. Er weiß ja bereits, dass Rauchen schädlich für die Gesundheit ist (wie vermutlich die meisten Raucher).

P: *„Und wie! Als hätte ich nicht schon genug Stress am Hals … – Na ja, ich kann schon verstehen, dass sie sich Sorgen macht. Weiß man ja, dass das nicht so gut ist für die Gesundheit mit dem Rauchen. Aber nicht, dass Sie jetzt auch noch damit anfangen!"*

Ä: *(lachend) „Genau, wenn Sie Ihre Ärztin jetzt auch noch damit bedrängen würde, das würd Ihnen grad noch fehlen, das wäre dann echt zu viel …"*

**subjektive Gründe für eine Verhaltensänderung statt Allgemeinplätzen**

Dennoch auf der Bekräftigung der Argumente gegen das Rauchen zu bestehen und auf die zweifellos bestehenden Risikofaktoren durch das Rauchen hinzuweisen, hätte vermutlich zur Folge, dass der Patient die Gegenoffensive antreten würde. Eine Auflistung von Gegenargumenten und „Ja, aber …" wären wahrscheinlich.

Die Ärztin in unserem Beispiel respektiert den geäußerten Wunsch und macht so und durch weiteres reflektierendes Zuhören den Weg frei, die für den Patienten wichtigen Gründe und

Motive hervorzulocken, die subjektiv aus Patientensicht gegen das Rauchen sprechen.

Nur kurze Zeit später kommt so das für den Patienten bedeutsame Thema Sport zur Sprache.

P: *„Na ja, mal so reingucken schadet ja auch nichts. Irgendwann werd ich ja vielleicht schon mal was unternehmen mit dem Rauchen. Jetzt geht's halt echt nicht. Aber irgendwann mal. Ist ja schon besser für den Körper, auch mit dem Blutdruck und Kreislauf und dem Ganzen. Bin neulich mal wieder mit dem Mountainbike los, jetzt wo endlich Frühling ist, hoch auf den Schönberg, da kam ich ja ganz schön aus der Puste ..."*

A: *„Hm, das hat Sie etwas beunruhigt, da nicht mehr so gut den Berg hochzukommen."*

Das Erleben der durch das Rauchen deutlich eingeschränkten körperlichen Fitness könnte tatsächlich zu einem wichtigen Motivator für eine Verhaltensänderung werden. Die Haltung der Ärztin, sich mit allgemeingültigen oder eigenen Argumenten zurückzuhalten, ermöglicht es letztendlich, dass dieses subjektiv bedeutsame Argument gegen das Rauchen evoziert werden kann.

### 3.1.2.4 Widerstand umlenken

Widerstand wird in verschiedenen therapeutischen Kontexten und Theorien unterschiedlich gedeutet. In der Motivierenden Gesprächsführung wird Widerstand als situativ bedingte Reaktanz im Kontext wahrgenommener Einschränkung der Freiheits- oder Handlungsspielräume verstanden. Es handelt sich demnach nicht um eine Eigenschaft der Person, sondern bezieht sich auf konkretes Verhalten in einer konkreten Situation.

**Wie entsteht Widerstand?**

Widerstand entsteht in der Regel aus der Interaktion zwischen Klienten und Therapeuten bzw. Ärzten und Patienten. Er ist so ein Anzeichen für Dissonanz im Gespräch selbst und ein Signal für uns, anders zu reagieren. Vielleicht haben wir gewollt oder ungewollt eine Grenze überschritten, sind der Person zu nahe getreten oder haben unsere eigene Agenda verfolgt. Was auch immer die Ursache ist, das Auftreten von Widerstand sollte immer als Signal gesehen werden, dass irgendetwas in der Interaktion nicht optimal läuft, und zum Anlass genommen werden, unser Gesprächs- und Interaktionsverhalten zu überdenken und gegebenenfalls zu ändern.

**problematische
Fremdmotivation**

Auch Fremdmotivation fördert Widerstand. Wenn zum Beispiel ein Patient nicht ganz freiwillig wegen des Verdachts eines Alkoholproblems vom Vorgesetzten zum Betriebsarzt geschickt wird, ist eine ablehnende, von Widerstand geprägte Haltung zu Gesprächsbeginn wahrscheinlich. In diesem Fall ist reaktantes Verhalten zwar keine Reaktion auf die Interaktion zwischen Betriebsarzt und Patient, aber ärztlicherseits kann durch entsprechendes Gesprächsverhalten einiges getan werden, um den Widerstand umzulenken und nicht noch zu verstärken. Wie schon im Umgang mit Zielkonflikten (Kap. 3.1.1) erörtert, ist es vor allem in solchen fremdmotivierten Settings wichtig, sich der institutionellen und sozialen Rahmenbedingungen bewusst zu sein und gegebenenfalls die widersprüchlichen Aufträge transparent zu machen.

Wie zeigt sich Widerstand? Auch wenn Widerstand meistens intuitiv erkannt wird, seien hier nochmals verschiedene mögliche Indikatoren im Gesprächsverhalten genannt: Argumentieren, abwerten, infrage stellen, bestreiten und offene Feindseligkeit können ebenso ein Hinweis sein wie unterbrechen, Schuld zuweisen, ablehnen, bagatellisieren oder ignorieren und ablenken.

**Widerstand als
Signal, anders zu
reagieren**

In welcher Art auch immer sich der Widerstand äußert, er ist für uns ein deutliches Zeichen, unseren Interaktionsstil zu überdenken und zu verändern. Es geht darum, zur Entwicklung neuer Perspektiven einzuladen und nicht, diese vorzuschreiben. Die Entscheidung über jedwede Bewertung und Veränderung des Verhaltens liegt immer bei den Klienten und Patienten. Es ist deren Entscheidung, ob und in welchem Ausmaß sie etwas an ihrem Verhalten verändern wollen. Wenn Widerstand auftritt, ist dies oft ein Ausdruck des Gefühls, sich irgendwie unter Druck gesetzt und in der Entscheidungs- und Handlungsfreiheit eingeschränkt zu erleben. Ob wir das als Gesprächspartner intentional oder ungewollt durch ungeschickte Äußerungen selbst ausgelöst haben oder ob uns als wahrgenommene Vertretende einer Institution oder vermuteten Meinung ganz generell eine entsprechende Skepsis entgegengebracht wird, ist dabei relativ unerheblich. In jedem Fall gilt es, sobald wir eine solche Irritation im Kontakt bemerken, in einer betont Widerstand umgehenden Weise zu reagieren.

**Umgang mit
Widerstand –
what to do**

Wie kann das aussehen? Im Zweifelsfalle reflektieren! Oft werden mit dem Widerstandsverhalten wichtige Aussagen verknüpft, die direkt aufgegriffen werden können, ohne auf die

Emotionalität der Reaktanz direkt einzugehen. Manchmal ist es sinnvoll, dies eher zu umgehen, ähnlich wie in manchen asiatischen Kampfsportarten den Angriffen ausgewichen und nicht direkt begegnet wird, sodass die ganze Interaktion dann eher wie ein Tanz als ein kämpferisches Gefecht wirkt.

In manchen Situationen kann es Sinn machen, auch die Spannung selbst transparent zu machen, direkt zu benennen und dann zum einfachen Reflektieren zurückzukehren, um dem Gegenüber den Wind aus den Segeln zu nehmen. Der verbal oder nonverbal gezeigten Reaktanz gilt es dann zu allererst einmal mit Empathie zu begegnen und sie auf der emotionalen Ebene zu reflektieren.

◢ *Sie sind ganz empört, hierher geschickt zu werden – das ärgert Sie ziemlich.*

Wenn Sie unsicher sind, reflektieren Sie einfach etwas, was zuvor gesagt wurde, bevor die Störung auftrat. Damit knüpfen Sie gleichzeitig mit der Klientenaussage auch an die harmonischere Interaktionssituation an. Vor allem aber vermittelt die empathische Reflexion das Gefühl, in diesem Aussageaspekt verstanden zu werden.

Sie können also reflektierend auf drei verschiedene Aspekte reagieren: auf die im Widerstand geäußerte emotionale Qualität selbst (beispielsweise Ärger, Empörung, genervt sein) oder auf die in diesem Zusammenhang geäußerten wichtigen Einstellungen und Bedürfnisse (beispielsweise nicht als xy abgestempelt werden zu wollen, sich nichts vorschreiben zu lassen oder in der Arbeitsleistung gewürdigt werden zu wollen) oder auf einen zuvor geäußerten Aspekt, um an die Gesprächssituation vor der Irritation anzuknüpfen. Natürlich lässt sich das auch zusammenfassend miteinander verknüpfen. So können Sie beispielsweise auch kurz den Ärger darüber, zum Betriebsarzt geschickt worden zu sein, reflektierend aufgreifen und dann sofort eine Reflexion zur Würdigung der Arbeitsleistung anbieten.

◢ *„Das ärgert Sie schon ziemlich, dass Sie jetzt hierher zum Betriebsarzt geschickt worden sind. Wo Sie doch Ihren Bereich sicher im Griff haben und Ihre Arbeit immer gut machen. Auf Sie kann man sich immer verlassen, und das möchten Sie auch gewürdigt wissen ...“*

Manchmal artikulieren Klienten auch mehr oder weniger direkt ihre Grenzen, deren Überschreitung Widerstand auslösen würde. Wie in unserem eingangs angeführten Beispiel lässt sich Widerstand dann durch Respektieren dieses Bedürfnisses auch direkt umgehen:

P: *„Und wie! Als hätte ich nicht schon genug Stress am Hals … – Na ja, ich kann schon verstehen, dass sie sich Sorgen macht. Weiß man ja, dass das nicht so gut ist für die Gesundheit mit dem Rauchen. Aber nicht, dass Sie jetzt auch noch damit anfangen!"*

Ä: *(lachend) „Genau, wenn Sie Ihre Ärztin jetzt auch noch damit bedrängen würde, das würd Ihnen grad noch fehlen, das wäre dann echt zu viel …"*

P: *(lachend) „Allerdings … Na ja, Sie können schon was sagen. Hab nur gerade wirklich genug am Bein, ist mal wieder super stressig im Betrieb, wissen Sie; zwei Mitarbeiter für längere Zeit krank und ein paar Großaufträge am laufen. Dann ist auch noch die eine Maschine ausgefallen, und ich krieg die nicht repariert …"*

Humorvoll wird hier die emotionale Qualität des ausgesprochenen Appells aufgegriffen. Humor ist häufig eine gute Möglichkeit, Situationen schnell und unkompliziert zu entspannen. Wie im vorangegangen Abschnitt beschrieben, bleibt die Ärztin durch das Grenzen respektierende, Widerstand umgehende Verhalten im vertrauensvollen Kontakt und ermöglicht so die spätere Exploration der aus Patientensicht tatsächlich relevanten Veränderungsgründe.

**Betonen der Entscheidungsfreiheit**

Besondere Bedeutung im Umgang mit Widerstand hat die Betonung der Entscheidungsfreiheit. Es ist hoch wirkungsvoll, diese Entscheidungsfreiheit explizit zu betonen, sowohl, um Reaktanz zu vermeiden, als auch, um bereits auftretendem Widerstand zu begegnen. Auch wenn es Ihnen selbstverständlich erscheinen mag, macht es Sinn, auf die autonome Patientenentscheidung ausdrücklich hinzuweisen.

◢ *Wie und wann auch immer Sie sich entscheiden, liegt natürlich ganz in Ihrer Hand.*

◢ *Die Entscheidung darüber ist natürlich ganz Ihre Sache.*

◢ *… das bleibt natürlich jederzeit ganz allein Ihre Entscheidung.*

> **❗ Merksatz: Widerstand**
> … ist ein Signal, anders zu reagieren!

**Übung 5: Widerstand**

Finden Sie als Antwort auf die folgende Klientenaussage Beispiele für Formulierungen, die Widerstand eher auslösen und fördern, und solche, die dies eher vermeiden.

*„Wenn die Kinder dann im Bett sind und ich auch endlich mal die Füße hochlegen kann, trink ich schon mal ein Gläschen Wein oder Sekt. Aber deswegen hab ich ja wohl noch lange kein Alkoholproblem!"*

◢ Wie könnte eine Aussage lauten, die versucht zu argumentieren, und was wäre die voraussichtliche Klientenreaktion darauf?

◢ Wie könnte eine Aussage lauten, die versucht zu diagnostizieren, und was wäre die voraussichtliche Klientenreaktion darauf?

◢ Wie könnte eine Aussage lauten, die bedrohend oder entwertend konfrontiert, und was wäre die voraussichtliche Klientenreaktion darauf?

◢ Wie könnte eine belehrende Aussage lauten, und was wäre die voraussichtliche Klientenreaktion darauf?

◢ Wie könnte eine Widerstand vermeidende empathische Aussage lauten, und was wäre die voraussichtliche Klientenreaktion darauf?

### 3.1.2.5 Selbstwirksamkeit fördern

Wie in Kapitel 2.2.2.1 näher erläutert, bezeichnet das Konzept der Selbstwirksamkeitserwartung die Erwartung, aufgrund eigener Fähigkeiten das beabsichtigte Verhalten erfolgreich umsetzen zu können. Dies beinhaltet sowohl Aspekte der Zuversicht, in Belastungssituationen das gewünschte Verhalten zeigen zu können, als auch die wahrgenommene Versuchung, in solchen Situationen auf unerwünschte Verhaltensweisen auszuweichen. Da die Kontrollüberzeugungen so einen großen Einfluss auf den späteren Erfolg haben, spielt das Konzept der Selbstwirksamkeitserwartung so eine wichtige Rolle in der Motivierenden Gesprächsführung. Unser professionelles Gesprächsverhalten zielt darauf ab, die Selbstwirksamkeit der Klienten und Patienten zu fördern.

**Zuversicht als Selffulfilling Prophecy**

Die Zuversicht, sich verändern zu können, kann zu einem wichtigen Motivator im Veränderungsprozess werden. Gleichzeitig wirkt sie wie eine Selffulfilling Prophecy. Das heißt, eine positive Erwartung macht eine positive Erfahrung wahrscheinlicher. Es ist also sinnvoll, Klienten und Patienten darin zu unterstützen, diese Zuversicht zu entwickeln, zu bestärken und zu fördern. Wie kann das geschehen?

Zunächst einmal gilt es, aufmerksam zuzuhören, wenn Klienten oder Patienten etwas äußern, das irgendwelche Zuversichts- und Selbstwirksamkeitserwartungsaspekte beinhaltet. Solche Äußerungen können leicht überhört werden, sind jedoch von äußerster Bedeutung für die Motivation. Dabei ist es zunächst einmal unerheblich, wie wir aus externer Perspektive die Realisierbarkeit einer Verhaltensänderung einschätzen oder ob uns das Ausmaß der Zuversicht angemessen erscheint. Wichtig ist es, die subjektive Einschätzung aus Klientensicht zu erkennen und diese zu reflektieren. Ist sie bereits von hoher Zuversicht in die eigene Fähigkeit, sich zu verändern, geprägt, sollte dies unbedingt durch reflektierendes Aufgreifen positiv verstärkt werden. Bei einer mittelmäßigen Selbstwirksamkeitserwartung fokussieren wir vor allem auf die positiven Aspekte, das heißt auf die Hintergründe, welche die bereits vorhandene Zuversicht stützen und speisen. Also, worauf gründet sich die vorhandene Zuversicht, welche Ressourcen sind schon bekannt und nutzbar?

**Exploration früherer Erfolge**

In diesem Zusammenhang ist auch die Exploration früherer Erfolge sinnvoll. Auch die in einem anderen Kontext als dem aktuellen Problem geglückten Verhaltensänderungen können sich positiv auf die Zuversicht und Selbstwirksamkeitserwartung der aktuellen Veränderung auswirken. Wenn es beispielsweise bereits gelungen ist, sich das Rauchen abzugewöhnen, kann diese Erfahrung für das aktuelle Bemühen genutzt werden, nun auch den Alkoholkonsum zu reduzieren.

In der Regel werden größere Erfolge oder als besonders bedeutsam angesehene Verhaltensänderungen eher einmal spontan geäußert, während kleinere Erfolge oder Leistungen aus ganz anderen Kontexten nicht unbedingt zur Sprache kommen. Besonders hier kann gezieltes Nachfragen sinnvoll sein. Findet sich gar kein direkter Bezug zu einer ähnlichen Situation in der Vorgeschichte, kann auch an ganz allgemeine Ressourcen und Kompetenzen angeknüpft werden. So kann zum Beispiel die Sportlichkeit und Leistungsbereitschaft des Patienten in der eingangs zitierten Gesprächssequenz reflektierend aufgegriffen und als Ressource im Sinne von Durchhaltevermögen und Zielorientierung für eine spätere Verhaltensänderung bei der Raucherentwöhnung genutzt werden.

Natürlich ist die Selbstwirksamkeitserwartung auch geprägt von wahrgenommenen Hindernissen und Gefährdungen sowie dem Ausmaß der eingeschätzten Versuchung, in alte Verhaltensmuster zurückzufallen. Diese sollten natürlich nicht übergangen werden, da sie, vor allem bei Spontanäußerung der Klienten, wichtige Aspekte der anderen Ambivalenzseite demonstrieren. Sie zu übergehen, hätte zum einen zur Folge, dass im Sinne einer Dissonanzverminderung vermutlich diese „unterverstärkte" Seite der Ambivalenz noch intensiver betont werden würde. Zum anderen zeigen sich hier ja auch tatsächlich relevante Störfaktoren einer erfolgreichen Umsetzung. Sich mit diesen im Sinne einer rückfallpräventiven Strategie vorab zu beschäftigen und Alternativen für riskante Situationen und Verhaltensweisen zu entwickeln, ist unbedingt sinnvoll. Es erhöht die Wahrscheinlichkeit für einen späteren Erfolg. Je geringer die Ausprägung der Hindernis- und Versuchungsseite, desto höher die Selbstwirksamkeitserwartung und Wahrscheinlichkeit für eine erfolgreiche Umsetzung.

**Hindernisse und Risikoeinschätzung**

Hier geht es um das Wie der Verhaltensumsetzung. Gerade bei der Planung und Klärung, wie Hindernisse ausgeräumt und Rückfallgefahren gemindert werden können, spielt die professionelle Begleitung eine wichtige Rolle. Hier können wir besonders unterstützend tätig sein. In der Exploration früherer Erfolge können bereits bekannte Strategien gefunden werden, auf die Klienten dann im neuen Problembereich analog zurückgreifen können. Gemeinsam können auch neue Ideen entwickelt werden, oder wir können bei Bedarf auch verhaltenstherapeutische Tools anbieten. In der Raucherentwöhnung beispielsweise könnte dies das gesamte Methodenangebot verhaltenstherapeutischer Maßnahmen sein (von funktionaler Verhaltensanalyse der Rauchsituationen bis hin zur Aschenbecherverbannung als Stimulusentzug), welches sich auch in einschlägigen Raucherentwöhnungsmanualen findet.

Doch auch die Erwartungen auf ärztlicher bzw. Therapeutenseite sind bedeutsam. Neben der Selbstwirksamkeitserwartung der Klienten hat auch die Zuversicht auf Beraterseite einen nicht

**Bedeutung der Erwartungen auf Therapeutenseite**

unerheblichen Einfluss. Glauben auch wir an die Veränderungsfähigkeit des Patienten, kann dies ebenfalls zu einer Selffulfilling Prophecy werden. Wenn wir unsere Zuversicht in die Veränderungskompetenz der Klienten und Patienten mitteilen, wird deren eigene Selbstwirksamkeitserwartung gestärkt und unterstützt.

◢ *Ich glaube wirklich, dass Sie das schaffen können!*

Hier ist es natürlich wichtig, dass es sich bei diesen Mitteilungen um selbstkongruente Äußerungen handelt. Es geht nicht darum, Patienten oder Klienten etwas vorzuspielen! Das würden diese in der Regel auch sofort bemerken, die meisten Menschen haben hier ein sehr feines Gespür für Glaubwürdigkeit. Aber vielleicht können wir die zuversichtliche Seite in uns ein wenig hervorlocken, ein wenig in uns gehen, ob oder wo es da etwas gibt, was an die Veränderungsfähigkeit der Person glaubt und einen Erfolg für möglich hält. Und wenn wir dort etwas finden, ist es sehr unterstützend und hilfreich, dies auch zu zeigen und mitzuteilen. Wie gesagt: Hier ist Selbstkongruenz gefragt. Bleiben Sie bei dem, was Sie wirklich erleben, und äußern Sie positive Bestätigungen nur, wenn Sie davon auch wirklich überzeugt sind.

Umgekehrt jedoch sollten Sie bei negativen Einschätzungen eher zurückhaltend sein. Der manchmal frustrierende jahrelange Praxisalltag wiederkehrender Rückfallerfahrungen in altes Verhalten hinterlässt bei manchen Kollegen leicht pessimistische „Gebrauchsspuren". Diese negativen Vorerfahrungen auf neue Klienten/Patienten zu projizieren und deren geäußerter Zuversicht mit widersprechenden Zweifelsbekundungen zu begegnen, wäre jedoch wenig zweckdienlich. Grundsätzlich gilt auch hier: Klienten sind selbst verantwortlich für die Entscheidung zur Veränderung und deren Umsetzung, nicht die Berater, Therapeuten oder Ärzte.

### 3.1.3 MI-Basisstrategien

Nachdem wir uns in den letzten Kapiteln mit Grundhaltung und Zielen der Motivierenden Gesprächsführung auseinandergesetzt haben, geht es im folgenden Abschnitt um die Basisstrategien der Gesprächsführung. Nach dem Warum und Wozu beschäftigen

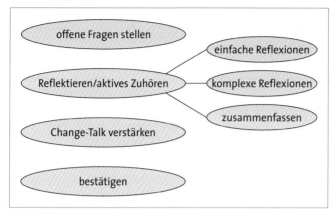

**Abb. 3.2:** Basisstrategien Motivierender Gesprächsführung

wir uns nun mit dem Wie der konkreten Umsetzung im Gesprächskontakt. Während die MI-Prinzipien des letzten Kapitels Handlungsziele der Motivierenden Gesprächsführung beschreiben, sind die Basisstrategien quasi als Handwerkszeug der operativen Umsetzung zu betrachten.

Auch wenn die Motivierende Gesprächsführung wie gesagt keine Ansammlung bloßer Techniken ist, geht es nun eher um anwendungstechnische methodische Fragen. In den folgenden Abschnitten werden die Techniken offener Fragen sowie des aktiven Zuhörens und Reflektierens als grundlegende Gesprächsführungsstrategien vorgestellt. Das explizite Hervorrufen und Verstärken von Change-Talk ist als spezifische MI-Strategie anzusehen, und das Bestätigen der Klienten rundet die technische Grundausstattung dann ab.

Manches ist vielleicht schon aus anderen Gesprächsführungskontexten bekannt, während andere Aspekte vielleicht eher ungewohnt erscheinen. Häufig entsteht auch der Eindruck von Einfachheit der Methodik. Die Strategien erscheinen simpel und banal, und das sind sie gewissermaßen auch. Nur die konkrete Umsetzung in der Praxis gestaltet sich dann doch oft schwierig. Unserer Erfahrung nach lohnt es sich deshalb, genau hinzuhören und den eigenen Gesprächsstil präzise zu reflektieren. Die Übungsvorschläge der einzelnen Kapitel sind dazu gedacht, diesen Prozess zu unterstützen.

### 3.1.3.1 Offene Fragen stellen

Offene Fragen zu stellen, klingt zunächst einmal recht simpel und trivial. Dennoch macht es Sinn, sich etwas näher mit offenen Fragen zu beschäftigen, die in der Motivierenden Gesprächsführung gerne einleitend zu Gesprächsbeginn eingesetzt werden.

**Exploration anregen**

Ziel offener Fragen ist immer, die Exploration der Klienten anzuregen. Das heißt, eine offene, freie Schilderung zu ermöglichen und zu unterstützen, in der die Person sich gemäß eigener Bedeutungs- und Erfahrungszusammenhänge zu einem bestimmten Thema oder Themenaspekt äußert. Dieses freie Erzählen hat den Vorteil, dass es währenddessen bereits zu einer reflektierenden Auseinandersetzung der Person mit dem Gegenstand kommt. Die Erforschung der Ambivalenz wird angeregt.

Die offene Frage ohne Antwortvorgaben hat darüber hinaus den Vorteil, dass subjektiv relevante Aspekte thematisiert werden, die von einer außenstehenden Person so gar nicht erahnt und direkt erfragt werden könnten. Die Fragenden erhalten so in der Regel viel mehr und vor allem bedeutsamere Informationen als bei einer geschlossenen Frage, die sich nur mit Ja oder Nein beantworten lässt oder bestimmte Antwortkategorien vorgibt. Die Äußerungen aus der freien Exploration lassen sich dann von der beratenden Person wiederum aufgreifen und erneut als Reflexion anbieten (s. Kap. 3.1.3.2).

Es macht einen Unterschied zu fragen:

▲ *Haben Sie schon einmal darüber nachgedacht, Ihr Gewicht zu reduzieren?*

oder

▲ *Welche Gründe könnten denn Ihrer Meinung nach für oder gegen eine Gewichtsreduktion sprechen?*

Möglicherweise ist die Intention der fragenden Person in beiden Fällen ähnlich, sie möchte erfahren, ob der Patient oder die Patientin irgendeine Motivation zur Gewichtsreduktion erkennen lässt. Die geschlossene Frage lässt sich jedoch nur mit Ja oder Nein beantworten und provoziert die Notwendigkeit einer weiteren Nachfrage, was leicht in ein Frage-Antwort-/Ping-Pong-Spiel münden kann, in dem sich aktive und reaktive Rollen der Gesprächspartner schnell verfestigen. Darüber hinaus kann in der konkreten Vorgabe unseres Beispiels je nach Intonation sogar etwas Kritisches mitschwingen, was vielleicht als versteckter Vorwurf gedeutet werden könnte. Die offene Frage lädt hingegen zur Exploration ein, welche Gründe für die Person entsprechend ihrer individuellen Wert- und Zielvorstellungen für eine Verhaltensänderung sprechen würden. Ein weiteres Beispiel:

◢ *Sie sagten, Sie haben sich ja schon Gedanken gemacht, wie Sie das Übergewicht angehen möchten – welche Ideen haben Sie denn, was Sie unternehmen könnten?*

◢ *Was haben Sie denn vor, gegen Ihr Übergewicht zu unternehmen – möchten Sie eine Diät machen, regelmäßig Sport treiben oder erst mal gar nichts unternehmen?*

Offene Fragen wirken meist weniger offensiv als geschlossene Fragen. Da Letztere nur Zustimmung und Negierung zulassen, können sie mitunter als bedrängend erlebt werden und deshalb leichter Widerstand auslösen. Lassen Sie die beiden Frageoptionen auf sich wirken:

◢ *Was sind denn Ihre Gedanken bezüglich einer Reha-Maßnahme?*

◢ *Können Sie sich vorstellen, eine Reha-Maßnahme in Anspruch zu nehmen?*

Offene Fragen werden oft zur Einleitung eines Gesprächs benutzt, um ganz allgemein etwas über das aktuelle Anliegen zu erfahren. Klassisches Beispiel:

◢ *Was führt Sie zu mir?*

**offene Fragen als Gesprächseinleitung und im Verlauf**

Offene Fragen können aber auch im Gesprächsverlauf immer wieder sinnvoll sein, wenn es beispielsweise darum geht, bei einem ins Stocken geratenen Gespräch erneut zur Exploration einzuladen.

◢ *Wie könnte ein nächster Schritt aussehen?*

Außerdem eignen sie sich beim Annähern an ein neues Thema, zu dem noch nichts über die Klienten-Einstellungen bekannt ist, das sich reflektieren ließe.

Auch in unserer eingangs vorgestellten Gesprächssequenz findet sich ein Beispiel für eine offene Frage, die zur Hervorhebung im anschließend wiederholten Gesprächsausschnitt fett gedruckt ist:

P: *„Schon. Ich bin früher viel Rad gefahren, hab überhaupt immer viel Sport gemacht und war echt fit. Aber das ist bei dem ganzen Stress* *natürlich auch zu kurz gekommen. Und jetzt schaffe ich noch nicht mal mehr den Schönberg!"*

Ä: *„Das scheint Sie richtig ein bisschen zu ärgern.* **Wie war das denn früher mit dem Sport bei Ihnen?***"*

P: *„Na ja, ich bin halt im Verein gefahren. Also, ich hab immer viel gemacht, auch schon in der Jugend, erst Fußball, dann eine Zeitlang mal Tischtennis, das war aber nicht so mein Ding, und dann bin ich beim Radsport hängen geblieben, da war ich eine Zeit lang richtig gut, hab an Meisterschaften teilgenommen – na ja, und später dann selber die Jugend trainiert."*

An dem Beispiel wird deutlich, wie die offene Frage zur Exploration anregt. Der Patient holt weiter aus, und es werden nicht nur diverse Sportarten aufgelistet, mit denen der Patient Erfahrung hat, sondern auch Wertungen und Hinweise auf soziale und leistungsmotivationale Aspekte geäußert, die bei geschlossenen Fragen vermutlich nicht zur Sprache gekommen wären. So viel Kontextwissen kann ein Fragender auch gar nicht haben, um so gezielt Inhalte zu erfragen, wie sie die Exploration aufgrund der offenen Frage quasi von allein anbietet. Gerade solche Äußerungen aus dem subjektiven Erleben und der persönlichen Historie sind von unschätzbarem Wert für den späteren Gesprächsverlauf, da sie individuelle Ziel- und Wertvorstellungen beinhalten. Und diese können als potenziell motivierende Faktoren für die Raucherentwöhnungsproblematik des erwähnten Beispieles im späteren Gesprächsverlauf eine Rolle spielen.

Trotz aller Vorzüge offener Fragen bedeutet das nicht, dass Sie auf geschlossene Fragen völlig verzichten müssen. Es wird weiterhin Situationen geben, in denen geschlossene Fragen sinnvoll sein können. In Diagnostik und Anamneseerhebung sind Ärzte gewohnt, mithilfe geschlossener Fragen gezielt und checklistenartig vorzugehen. Was in einer Notfallsituation Mittel der Wahl ist, um zu einer schnellen Entscheidung zu kommen, kann jedoch in alltäglicheren ärztlichen Gesprächssettings die Kommunikation durchaus einschränken.

Hier möchten wir Sie ermuntern, weniger zu fragen und mehr zuzuhören. Versuchen Sie, Patienten nach einleitenden und zur Exploration anregenden offenen Fragen zuzuhören, was diese alles zu sagen haben. Vielleicht werden Sie erstaunt sein, was Sie alles erfahren. Die offenen Fragen dienen stets der Exploration der Klienten und ihnen folgt aktives Zuhören als zentrale Technik der Gesprächsführung, wie im nächsten Kapitel beschrieben. Nach einer Frage sollte der Person immer genügend Zeit für explorierende Antwortäußerungen gelassen werden, die von Ihnen reflektiert werden, bevor Sie eine neue Frage stellen.

> **! Merksatz: Keine drei Fragen nacheinander stellen ...**
> Einer offenen Frage folgt stets aktives Zuhören!

## Übung 6: Offene Fragen stellen

a) Übung in kollegialer Zweier- oder Dreiergruppe (mit Beobachter/in):

- ◢ Lassen Sie sich von Ihrem/Ihrer kollegialen Gesprächspartner/-partnerin etwas über dessen/deren Urlaubspläne erzählen. Stellen Sie dazu offene Fragen, und hören Sie zu. Fragen Sie danach etwas zum letzten Urlaub. Stellen Sie diesmal geschlossene Fragen. Dauer etwa 10–15 Minuten.
- ◢ Tauschen Sie sich anschließend aus, wie Sie in der jeweiligen Rolle das Gespräch erlebt haben.
- ◢ Welche Unterschiede bemerkten Sie, je nachdem, ob offene oder geschlossene Fragen gestellt wurden?
- ◢ Dann Rollenwechsel.

b) Übung allein:

- ◢ Achten Sie beim nächsten Patienten-/Klientengespräch einmal gezielt auf die Fragen. Stellen Sie eher offene oder eher geschlossene Fragen? Wie ist die Reaktion Ihres Gegenübers?
- ◢ Versuchen Sie nun, im Gespräch etwas zu experimentieren: Stellen Sie offene Fragen, und hören Sie zu. Stellen Sie dann geschlossene Fragen.
- ◢ Welche Unterschiede bemerkten Sie, je nachdem, ob offene oder geschlossene Fragen gestellt wurden?

c) Übung allein:
Finden Sie alternative Formulierungen, wie Sie folgende geschlossene Fragen als offene Fragen ausdrücken können:

▲ *Rauchen Sie viel?*
▲ *Möchten Sie mal versuchen, täglich eine halbe Stunde spazieren zu gehen?*
▲ *Treiben Sie regelmäßig Sport?*
▲ *Waren Sie wegen des Diabetes schon mal bei einer Diätberatung?*

### 3.1.3.2 Aktives Zuhören/Reflektieren

**Reflexionen – Herzstück der Gesprächsführung**

Die zentralen Basisstrategien der Motivierenden Gesprächsführung sind das Reflektieren und aktive Zuhören. Was ist damit gemeint? Der Begriff aktives Zuhören beinhaltet zunächst einmal das Zuhören, was die Person uns mitteilt. Dieses empathische Zuhören ist zudem aktiv, das heißt, das verbal und nonverbal Wahrgenommene wird in einem aktiven Verarbeitungsprozess dem Gegenüber spiegelnd wieder angeboten. Dieser Vorgang wird in der Gesprächsführung Reflektieren genannt. Reflexionen sind Äußerungen, die sich unmittelbar auf das zuvor verbal und nonverbal Wahrgenommene beziehen. In ihnen wird der wesentliche oder auch emotionale Bedeutungsgehalt aufgegriffen und der Person in eigenen Worten wieder angeboten. Es ist immer ein Angebot, da wir ja nicht sicher sein können, die Person richtig verstanden zu haben. Die Verbalisierung des Verstandenen ermöglicht es Klienten jedoch, unser Verständnis zu überprüfen, um dann zustimmend den Aspekt zu vertiefen oder sich korrigierend genauer auszudrücken. Hierin zeigen sich wieder die Autonomieorientierung und Partnerschaftlichkeit der Grundhaltung in der Motivierenden Gesprächsführung. Die größte Expertise bezüglich Erleben, Verhalten und Lebensumständen einer Person hat diese selbst. In der Motivierenden Gesprächsführung versuchen wir, alle Verhaltensweisen zu vermeiden, die ein Machtgefälle aufbauen könnten. Dazu gehören auch Kommunikationssperren wie beispielsweise Belehrungen, Kritik und Lob, Bagatellisieren, Etikettieren, Interpretieren und ungefragte Ratschläge oder Lösungsvorschläge. Im Gegensatz dazu orientieren sich in der Motivierenden Gesprächsführung die verbalen Reaktionen auf Klientenäußerungen am Wert- und Zielsystem der Klienten und respektieren deren Autonomie.

Reflexionen sind immer Äußerungen, keine Fragen, auch wenn die Intonation dieser Äußerungen durchaus suchend wirken kann und ihr offener Angebotscharakter mitunter eher vorsichtig vortastend als bestimmt erscheinen mag. Am Ende der Äußerung hebt sich die Stimme nicht wie bei einer Frage, die Intonation ist in der Regel jedoch auch nicht so gleichförmig wie bei einer definitiven Feststellung – sie sollte sich weder wie ein provozierendes Statement noch wie ein nüchterner Gesetzesparagraph anhören. Reflexionen wirken oft so, als würden am Ende noch ein Gedankenstrich oder drei Punkte mitgedacht. Die emotionale Qualität der Äußerung kann so noch ein wenig gehalten werden. Über solche reflektierenden Äußerungen vermittelt sich das einfühlende Verstehen, von dem in Kapitel 3.1.2.1 die Rede war. Sie sind vom Mitschwingen getragen, weshalb die Intonation natürlich auch vom Kontext abhängt und von der vorherrschenden Emotion der jeweiligen Klientenäußerung geprägt ist. Es wird sich unterschiedlich anhören, wenn Sie die Empörung, zum Betriebsarzt geschickt worden zu sein, reflektieren oder die Unsicherheit bezüglich einer Diätempfehlung. Im einfühlenden Verstehen wird versucht, die Perspektive der anderen Person in ihrem individuellen Bezugssystem an Werten und Einstellungen nachzuempfinden, als ob man in deren Position wäre, ohne jedoch völlig in diese Position zu wechseln und das eigene Erleben zu verlieren.

**einfühlendes Verstehen**

Die Kommunikation zwischen Ärzten und Patienten ist traditionellerweise eher vom Fragen als vom Reflektieren geprägt. Es kann zu Beginn sehr ungewohnt sein, diese Technik auszuprobieren, und vielleicht fallen Sie zunächst auch immer wieder leicht ins Fragenstellen zurück. Wir möchten Sie dennoch ermuntern, es konsequent zu versuchen, da es einen großen Unterschied macht, ob der gleiche Sachverhalt in einer Reflexion oder einer Frage ausgedrückt wird. Grob gesagt lässt sich festhalten, dass Fragen eher dazu neigen, Widerstand auszulösen als Reflexionen. Das Stellen einer Frage kann sehr leicht Erwartungsdruck erzeugen, da Fragen Antworten herausfordern. Dies ist eine verinnerlichte kommunikative Konvention und unabhängig davon, wie wir eine Frage formulieren. Reflexionen haben demgegenüber den Vorteil, viel mehr Raum anzubieten. Zur Exploration wird so

**Warum keine Fragen?**

eher eingeladen als beim forcierten Impuls einer Frage. Um den Unterschied zu illustrieren, hier ein kurzes Beispiel – einmal als Reflexion und einmal als Frage formuliert:

◢ *Da sind Sie noch etwas unschlüssig, wie Sie sich entscheiden sollen …*

◢ *Sind Sie sich noch etwas unschlüssig, wie Sie sich entscheiden sollen?*

Die zweite Variante wirkt viel fordernder als die erste. Und es ist nicht unwahrscheinlich, dass sich die Person mit der Frage etwas bedrängt fühlen wird. Die Reflexion kann hingegen im Idealfall entlastend wirken, weil sie Verständnis suggeriert.

**bevorzugtes Reflektieren von Change-Talk**

Reflexionen sind auch ein zentrales Element in der personzentrierten Gesprächsführung, in der ganz explizit ein besonderes Augenmerk auf dem emotionalen Gehalt der Äußerungen liegt. In der Motivierenden Gesprächsführung werden Reflexionen hingegen selektiv im Hinblick auf ihre Bedeutung für die Veränderungsbereitschaft angewandt. Das bedeutet, dass nicht wahllos alle Äußerungen egalitär reflektiert werden. Besonderes Augenmerk liegt auf dem Change-Talk (vgl. Kap. 2.2.1 und 3.1.3.3). Äußerungen, in denen Klienten ihre Fähigkeit, Bereitschaft, Gründe und Wünsche für eine Verhaltensänderung ausdrücken, werden prioritär reflektiert und so verstärkt. Wie bereits erwähnt, vereint die Motivierende Gesprächsführung auf diese Weise Elemente des klientenzentrierten Ansatzes mit Elementen der kognitiven Verhaltenstherapie.

**Was tun, wenn das Gespräch stockt?**

Reflektieren ist als Grundstrategie der Motivierenden Gesprächsführung anzusehen, auf die Sie immer zurückgreifen können – auch wenn es mal schwierig wird. Wenn beispielsweise das Gespräch ins Stocken gerät, Sie den Faden verloren haben, wenn sich Reaktanz bemerkbar macht oder Sie nicht so recht weiterwissen. Im Zweifelsfalle reflektieren. Haben Sie den Faden verloren, können Sie auf das zuletzt Gesagte oder Erinnerte, das vielleicht ein, zwei Sätze zurückliegt, zurückgreifen und dies reflektieren. Dies ist auch Mittel der Wahl, sollten Sie Reaktanz und Widerstand bemerken. In diesem Falle könnten Sie auch die Gesprächssituation selbst reflektieren, was besonders bei institutionell bedingten Rollen- und Zielkonflikten infrage kommt (s. Kap. 3.1.2.4). Beim Versuch, die Verantwortung an Sie abzutreten, können Sie die gezeigte Ratlosigkeit der Person reflektieren, die an Sie als rettende Helferperson appelliert, ohne in eine Rettungsfalle tappen zu müssen und nach Lösungen zu suchen.

◢ *Da sind Sie ganz ratlos, wie Sie dieses Dilemma lösen können. Und am allerliebsten wäre es Ihnen, ich könnte das für Sie erledigen.*

Sie könnten dabei sogar Ihre eigene Ratlosigkeit reflektieren:

◢ *Tja, das klingt so verzwickt, da fällt mir auch nichts ein, wie das jetzt schnell zu lösen wäre.*

Wenn Sie unsicher sind, reflektieren Sie einfach etwas, was zuvor gesagt wurde, bevor eine Störung auftrat.

> **❗** **Merksatz: Gesprächsführung**
> **•** Im Zweifelsfalle – reflektieren!

Es gibt verschiedene Arten von Reflexionen, die nachfolgend anhand von Beispielen erläutert werden.

◢ Einfache Reflexionen
◢ Komplexe Reflexionen
◢ Doppelseitige Reflexionen
◢ Zusammenfassen
◢ Alternative Antwortoptionen

**Einfache Reflexionen.** In einfachen Reflexionen werden Inhalte der Klientenäußerung meist knapp und direkt wiedergegeben. Dies kann im wiederholenden Aufgreifen weniger (Schlüssel-) Worte oder durch einfaches Umformulieren und Paraphrasieren geschehen. Die Reaktion auf eine Klientenäußerung kann Synonyme anbieten, die eine ähnliche Bedeutung haben wie die Originalformulierung in der Klientenäußerung. In der Regel beziehen sich einfache Reflexionen unmittelbar auf das, was und wie es von Klienten zuvor ausgedrückt wurde. Sie bergen deshalb meist weder überraschende Denkanstöße noch regen sie direkt zu neuen Einsichten an. Ihre Funktion ist es eher, das Gespräch in Gang zu halten und im Kontakt zu bleiben. Und vor allen Dingen dienen sie dem einfühlenden Verstehen. Durch das empathische und zeitnahe, direkte Reflektieren des Gesagten fühlt die Person sich zum einen angenommen und zum anderen verstanden, beziehungsweise kann sie unser Verständnis sofort überprüfen und es gegebenenfalls korrigieren und genauer formulieren.

**… halten das Gespräch in Gang**

Auch hier wieder ein Beispiel aus unserer eingangs vorgestellten exemplarischen Gesprächssequenz mit Hervorhebung der einfachen Reflexionen:

P: *„Na ja, wer soll es denn sonst tun? Auf jeden Fall geht das im Moment gar nicht, da auch noch mit dem Rauchen aufzuhören! Im Moment brauch ich das einfach, um überhaupt mal runterzukommen in dem ganzen Stress."*

Ä: *„Hm, **das entspannt Sie dann schon, so ab und zu eine Zigarette zu rauchen.**"*

P: *„Ja, da komm ich dann erst mal ein bisschen runter … Manchmal braucht's auch noch eine, und manchmal reicht das dann auch noch nicht. Aber normalerweise rauch ich ja nicht Kette oder so, da passe ich schon auf, dass das nicht aus dem Ruder läuft. Aber ganz aufhören will ich trotzdem nicht."*

Ä: *„**Ganz aufhören wäre zu viel gerade, das ist Ihnen so ganz klar im Moment.**"*

P: *„Ja, also nee, das geht echt nicht. Da kann meine Frau mir noch so viele Bücher hinlegen …"*

Das Beispiel zeigt deutlich, wie durch das einfache Reflektieren das Gespräch in Gang gehalten und ein natürlicher Gesprächsfluss unterstützt wird. Der Patient fühlt sich verstanden, was im die Erwiderung einleitenden, bestätigenden „Ja, …" und dem wiederholenden Aufgreifen der Kernaussage zum Ausdruck kommt.

**Komplexe Reflexionen.** Über das einfache Reflektieren hinaus bieten komplexe Reflexionen eine erweiterte oder akzentuierte Bedeutung an. Über das wiederholende Spiegeln hinaus fügen Sie so dem bereits Gesagten im Wiederanbieten einen komplexeren Bedeutungsgehalt hinzu.

Wie bei allen kommunikativen und sprachlichen Kontexten ist der Übergang zwischen einfachen und komplexen Reflexionen fließend und die Zuordnung im Einzelfall diskutabel. Doch hier geht es ja weniger um eine akademische Auseinandersetzung als darum, ein Gefühl für das Potenzial und mögliche Aspekte komplexer Reflexionen zu entwickeln. Folgende Parameter spielen beispielsweise eine Rolle:

◢ Reflektieren von Gefühlen und Einstellungen
◢ Fortführen eines Gedankens

⬛ Hervorheben bestimmter Teile der Äußerung
⬛ Akzentuieren im Kontext der Bedeutung für eine Verhaltensänderung
⬛ Überzogenes Reflektieren

Das Reflektieren von Gefühlen und Einstellungen hat besondere Bedeutung für das Verständnis und die Identifizierung des persönlichen Wertesystems. Individuelle Einstellungen gegenüber wesentlichen Themen im Leben der Person können mehr oder weniger direkt aus den geäußerten Kognitionen abgeleitet und reflektiert werden.

**Gefühle und Einstellungen von besonderer Bedeutung**

Hier ein Beispiel aus der bekannten Gesprächssequenz:

P: *„Na ja, ich bin halt im Verein gefahren. Also, ich hab immer viel gemacht, auch schon in der Jugend, erst Fußball, dann eine Zeitlang mal Tischtennis, das war aber nicht so mein Ding, und dann bin ich beim Radsport hängen geblieben, da war ich eine Zeit lang richtig gut, hab an Meisterschaften teilgenommen – na ja, und später dann selber die Jugend trainiert."*

Ä: ***„Das klingt so, als sei Sport schon etwas ziemlich Wichtiges für Sie, das Ihnen eigentlich viel Spaß macht."***

Und auch der emotionale Bedeutungsgehalt führt direkt zu wesentlichen Einflussfaktoren auf die Motivation. Emotionen sind immer Indikatoren für Wesentliches im inneren Bezugssystem einer Person, und schon allein deshalb sind sie von ganz besonderer Bedeutung für die Motivierende Gesprächsführung. Was uns wichtig und erstrebenswert ist oder wir besonders ablehnen, was uns Angst macht oder peinlich ist, kann zu wesentlichen Anreizen für eine Verhaltensänderung werden oder auch deutlich machen, wo die Hindernisse für eine solche erlebt werden.

**Verbalisieren emotionaler Inhalte**

Es macht also Sinn, besonderes Augenmerk auf die verbal oder nonverbal ausgedrückten Gefühle zu legen und diesen emotionalen Gehalt in einer Reflexion zu verbalisieren und der Person wieder spiegelnd anzubieten. Bei den fokussierten emotionalen Inhalten muss es sich nicht zwangsläufig um besonders heftige Gefühle handeln. Auch bei eher verhaltenen Reflexionen von Gefühlen können wesentliche Aspekte für das subjektive Ziel- und Motivationsgefüge zum Ausdruck kommen, wie folgender Ausschnitt aus dem Beispielgespräch zeigt:

P: *„Na ja, mal so reingucken schadet ja auch nichts. Irgendwann werd ich ja vielleicht schon mal was unternehmen mit dem Rauchen. Jetzt geht's halt echt nicht. Aber irgendwann mal. Ist ja schon besser für den Körper, auch mit dem Blutdruck und Kreislauf und dem Ganzen. Bin neulich mal wieder mit dem Mountainbike los, jetzt wo endlich Frühling ist, hoch auf den Schönberg, da kam ich ja ganz schön aus der Puste ...“*

Ä: **„Hm, das hat Sie etwas beunruhigt, da nicht mehr so gut den Berg hochzukommen.“**

P: *„Ja, war schon etwas peinlich. So einen Berg hab ich früher mit links genommen. Und jetzt so keuchend mit rotem Kopf und 'nem Puls von was-weiß-ich-wie-hoch, also nee ...“*

Ä: **„Das ist Ihnen richtig unangenehm, sich nicht mehr so fit zu fühlen wie früher.“**

Das beunruhigende Gefühl, nicht mehr den Berg hochzukommen, wurde vom Patienten selbst in direkten Zusammenhang mit dem Rauchen gebracht. Dieses Gefühl aufzugreifen und dessen aversive Qualität zu halten, fördert das Erleben einer Diskrepanz zwischen den Leistungszielen und dem Selbstbild einerseits und dem als unangenehm erlebten Status quo andererseits. Hieraus lassen sich unmittelbar individuell bedeutsame Gründe ableiten, die gegen das Rauchen sprechen und zu einer entsprechenden Verhaltensänderung motivieren können.

**den Absatz fortsetzen**

Reflektieren bezieht sich auf das zuvor von der Person Geäußerte und ist Ausdruck empathischen Verstehens. Dabei werden nicht nur paraphrasierende Wiederholungen angeboten, sondern es können auch Gedanken fortgeführt werden. Das kann so aussehen, dass die begonnene Klientenäußerung quasi im Absatz fortgesetzt wird. Ein Satz wird komplettiert oder durch einen ergänzenden Aspekt erweitert. Dies steht und fällt mit der Empathie und Nähe am tatsächlich von der Person erlebten und gemeinten Inhalt. Es geht hier nicht darum, eigene Überzeugungen und Vorstellungen an den Mann oder die Frau zu bringen.

**Verschieben des Schwerpunkts**

Reflektieren ist selektiv und beeinflusst damit in mehr oder weniger direktiver Weise die weitere Exploration. Das Hervorheben bestimmter Teile der Äußerung bietet die Möglichkeit, den Schwerpunkt zu verschieben. Besonders hingewiesen sei auf eine Akzentuierung entsprechend der Bedeutung für eine Verhaltensänderung im Sinne von Change-Talk. Dies wird im Kapitel 3.1.3.3 eingehend erläutert.

Es ist auch möglich, in einer überzogenen Reflexion eine Auseinandersetzung mit der Ambivalenz anzuregen. Indem eine Äußerung pointiert überzogen reflektiert wird, schafft dies Abstand zum zuvor Gesagten und regt in der Regel die Exploration der anderen Seite der Ambivalenz an. Wird eine Seite sehr betont, führt das fast zwangsläufig zum Positionswechsel in Richtung der anderen Seite, wie folgendes Beispiel aus der hausärztlichen Praxis illustriert:

**überzogenes Reflektieren**

P: *„Also, ich esse natürlich gerne – das bringt ja schon mein Beruf mit sich. Wer gut kocht, isst meist auch gerne. Aber deswegen bin ich ja nun nicht gleich übergewichtig. Das wird sowieso alles ein bisschen übertrieben zurzeit, finde ich."*

A: *„Also, so wie Sie das einschätzen, haben Sie eigentlich gar keine Probleme mit dem Gewicht."*

P: *„Na ja, das kann man jetzt auch nicht so sagen. Gar keine Probleme wär vielleicht doch etwas übertrieben. Ich denke mal, ein paar Kilo weniger würden mir wahrscheinlich schon nicht schaden."*

Beim überzogenen Reflektieren ist jedoch auch Vorsicht geboten, es nicht zu übertreiben. Es sollte auf keinen Fall wie Sarkasmus wirken! Diese Reflexionen bergen ein gewisses Risikopotenzial, Widerstand zu generieren. Achten Sie deshalb genau auf Stimmung, Gesprächsatmosphäre, Humormöglichkeiten und vor allem auf die Reaktion der Person auf eine solche Intervention. Beim geringsten Verdacht auf Reaktanz sollte sofort mit entsprechendem Reflektieren geantwortet werden, das den Wind wieder aus den Segeln nimmt (s. Kap. 3.1.2.4).

**Doppelseitige Reflexionen.** Doppelseitige oder „Sowohl-als-auch"-Reflexionen gehören zu den komplexen Reflexionen, sind wegen ihrer besonderen Bedeutung in der Motivierenden Gesprächsführung hier jedoch extra hervorgehoben. Wie eingangs erläutert, spielt die Ambivalenz mit ihrem „Einerseits-andererseits", „Sowohl-als-auch" und Widersprüchen eine zentrale Rolle für die Verhaltensänderung. Die Erforschung und Auflösung von Ambivalenz ist zentraler Gegenstand der Motivierenden Gesprächsführung (s. Kap. 2.2.4).

**ein direkter Ausdruck der Ambivalenz**

Was läge also näher, als genau diese Ambivalenz in ihren beiden Seiten zu spiegeln, sie als entsprechende Reflexion anzubieten?

Doppelseitige Reflexionen sind überraschend einfach. Da Ambivalenz zumeist als unangenehm erlebt wird, sind wir meist geneigt, sie entweder schnell verlassen zu wollen, oder eine Lösung, die beide Seiten ausgleicht, finden zu wollen. Doch darum geht es gar nicht. In der Begleitung gilt es einfach nur, die beiden identifizierten Seiten der Ambivalenz zu verbalisieren und zu halten, ohne eigene Wertung, ohne Gewichtung in Richtung einer der beiden Seiten. Einfach nur beide Seiten reflektieren und nebeneinander stehen lassen.

Ä: *„Auf der einen Seite würden Sie schon gern wieder fitter sein, was ohne Rauchen besser ginge. Und auf der anderen Seite können Sie sich gerade gar nicht vorstellen, im Moment mit dem Rauchen aufzuhören, weil Sie so unter Druck stehen."*

Eine doppelseitige Reflexion bringt das Dilemma auf den Punkt. Der Ambivalenzkonflikt liegt quasi auf dem Silbertablett bereit – bereit zur Bearbeitung, zur weiteren Exploration und idealerweise zur Motivierung in Richtung einer Verhaltensänderung.

**Zusammenfassen.** Auch das reflektierende Zusammenfassen des Verstandenen spielt eine wichtige Rolle in der Motivierenden Gesprächsführung, weswegen es häufig als eigenständige Strategie aufgelistet wird. Formal gesehen ist das Zusammenfassen jedoch auch wieder dem Reflektieren zuzuordnen, da die Zusammenfassung ja aus einzelnen Reflexionen besteht. Es fließen die wesentlichen Reflexionen des letzten Gesprächsabschnitts ein, um die wesentlichen Aspekte zu halten. Darüber hinaus können noch ergänzende neue Reflexionen zum Ganzen formuliert werden, die sich weniger auf Einzelaspekte als auf die Quintessenz des Gesprächsabschnitts beziehen. Zusammenfassen dient ähnlich der Reflexionen verschiedenen Funktionen. Es soll

◢ empathisches Verstehen transportieren,
◢ Evaluation des Verstandenen und ggf. dessen Korrektur ermöglichen,
◢ wesentliche Inhalte, Einstellungen und Kognitionen halten,
◢ einzelne Aspekte durch selektives Aufnehmen in die Zusammenfassung gewichten und so verstärken.

Zusammenfassen ist nicht nur bei Gesprächsende angezeigt, sondern kann immer wieder im Gesprächsverlauf eingesetzt werden. Es ist eine gute Möglichkeit, den roten Faden immer wieder aufzugreifen, und auch geeignet, Situationen von extremem Redefluss zu unterbrechen. Das Verstandene zusammenzufassen, dient dann nicht nur der Strukturierung, sondern hilft auch, den Kontakt zu halten oder wiederherzustellen und zu verhindern innerlich aus dem Gespräch auszusteigen.

**den roten Faden halten und im Kontakt bleiben**

**Alternative Antwortoptionen.** In der Motivierenden Gesprächsführung kommen noch weitere Reaktionsmöglichkeiten zum Einsatz. Eine Option ist Reframing oder Umdeutung, eine Technik aus der systemischen Familientherapie nach Virginia Satir. Beim Reframing wird ein neuer Kontext oder Rahmen als Antwort angeboten, eine neue (Be-)Deutung des geschilderten Sachverhalts, um diesen aus einer neuen Perspektive und einem anderem Bezugsrahmen wahrzunehmen. Der gleiche Gegenstand kann schließlich so oder so betrachtet werden – das berühmte halbleere beziehungsweise halbvolle Glas. Nach zehn Bier nicht vom Barhocker zu kippen, sprich die Problematik der Alkoholtoleranz, kann beispielsweise ganz unterschiedlich gedeutet werden. Zum Beispiel als „viel vertragen können" oder – im Sinne von Reframing – als ein fehlendes körperliches Warnsystem vor zu hohem und schädlichen Alkoholkonsum. Ein anderes Beispiel wäre die Umattribuierung eines negativ erlebten Verhaltens der Ehepartnerin:

**Reframing**

P: *„Alle naslang legt meine Frau mir diese Nichtraucherratgeber hin!"*

Ä: *„Ihre Frau macht sich Sorgen um Sie wegen des Rauchens."*

Wie schon in Kapitel 3.1.2.4 beschrieben, können Sie immer wieder die persönliche Entscheidungsfreiheit explizit betonen, wenn Reaktanz zu drohen scheint oder schon deutlich wird. Dies kann den Wind aus den Segeln nehmen und die Kommunikation wieder für weitere ungestörte Exploration öffnen.

**Betonen der persönlichen Wahlfreiheit**

◢ *… das bleibt natürlich jederzeit ganz allein Ihre Entscheidung.*

Vorsicht ist geboten, wenn der Klient Bereitschaft für riskantes Verhalten zeigt wie Suizid oder Fremdgefährdung. Hier wäre es natürlich kontraindiziert, diese Inhalte einfach so zu reflektieren.

**Bitten Sie um**   Möglicherweise gibt es gelegentlich auch Situationen, in denen
**Erlaubnis**      Sie den dringenden Impuls haben, Ihre Sorge mitzuteilen. Beispielsweise, wenn ein Patient nur kurz nach dem Alkoholentzug
zum Jubiläum des lokalen Fußballvereins gehen möchte, obwohl
dies bislang der Ort seiner größten Alkoholexzesse war und wenig Unterstützung der Abstinenz seitens der dortigen Vereins-
freunde zu erwarten ist. Sie wollen diesen Patienten nicht sehen-
den Auges ins Unglück rennen lassen – ungefragte Ratschläge
sind jedoch zu vermeiden. Was also tun? In solchen Fällen bietet
sich an, um Erlaubnis zu bitten, bevor Sie Ihre Sorge äußern.

◢ *Bei dem, was Sie da sagen, kommen mir einige Bedenken. Dürfte*
*ich Ihnen diese mitteilen?*

Mit an Sicherheit grenzender Wahrscheinlichkeit werden Sie die
Erlaubnis erhalten. Die Wahrscheinlichkeit, Widerstand auszulösen, ist jedoch deutlich minimiert.

---

**Übung 7: Reflektieren**

Reflektieren als „Herzstück" der Gesprächsführung verdient
hier natürlich besonders viel Aufmerksamkeit. Nachfolgend
deshalb eine Auswahl an verschiedenen Übungsvarianten.

a) Übung allein:
Verbalisierungen finden: Finden Sie alternative Formulierungen, Synonyme und verbale Bilder für verschiedene emotionale Ausdrücke.

◢ Ein Beispiel: Alternative Formulierungen für die Äußerung „das war vielleicht peinlich" könnten sein:
sich schämen, beschämt sein, das Gesicht verlieren,
im Boden versinken wollen etc.

◢ Finden Sie andere Worte oder Bilder für:
– sich unwohl fühlen
– verzweifelt sein
– sich einsam fühlen
– unsicher sein
– sich erschöpft fühlen

b) Übung allein:

◢ Achten Sie beim nächsten Patienten-/Klientenge-spräch einmal gezielt aufs Reflektieren. Stellen Sie eher Fragen, oder reflektieren Sie gelegentlich? Wie ist die Reaktion Ihres Gegenübers?

◢ Versuchen Sie nun, im Gespräch etwas zu experi-mentieren: Antworten Sie auf die Patienten-/Klien-tenäußerungen mit Reflexionen. Vielleicht ist es zu-nächst ungewohnt oder scheint sich künstlich anzu-hören. Versuchen Sie es dennoch und probieren es erst einmal mit einfachem Reflektieren und Zusam-menfassen.

◢ Welche Unterschiede bemerkten Sie in der nachfol-genden Exploration, je nachdem, ob Sie Fragen stell-ten oder reflektierten?

◢ Versuchen Sie, beim nächsten Patienten/Klienten auf komplexe Reflexionen zu achten: Reflektieren Sie Gefühle, und bieten Sie bei Ambivalenz doppelseiti-ge Reflexionen („Sowohl-als-auch"-Reflexionen) an.

c) Übung in kollegialer Zweier- oder Dreiergruppe (mit Be-obachter/in):

◢ Lassen Sie sich von Ihrem/Ihrer kollegialen Ge-sprächspartner/-partnerin erzählen, wie die letzte Ar-beitswoche verlief, und hören Sie empathisch und aktiv zu. Antworten Sie auf die Äußerungen Ihres Ge-genübers mit Reflexionen, auch wenn es zunächst vielleicht ungewohnt scheint oder sich künstlich an-hört. Versuchen Sie es dennoch und probieren es zu-nächst mit einfachem Reflektieren und Zusammen-fassen. Dauer etwa 10–15 Minuten.

◢ Tauschen Sie sich anschließend aus, wie Sie in der je-weiligen Rolle das Gespräch erlebt haben.

◢ Welche Unterschiede bemerkten Sie, je nachdem, ob reflektiert wurde oder Fragen gestellt wurden?

◢ Dann Rollenwechsel.

◢ Wiederholen Sie diese Übung in mehreren Durchgän-gen. Versuchen Sie in den nächsten Durchgängen, auf komplexe Reflexionen zu achten: Reflektieren Sie

Gefühle und bieten Sie bei Ambivalenz doppelseitige Reflexionen („Sowohl-als-auch"-Reflexionen) an.
◢ Wichtig: Es geht nicht darum, irgendwelche Lösungen zu finden, sondern reflektieren zu üben!
◢ Wenn Sie mögen, können Sie zum Vergleich Übung 9a) aus Kapitel 3.1.4 anschließen und diskutieren, wie und wo Sie die Unterschiede erlebten.

**Künstlichkeit**

Reflektieren kann sich wie gesagt zu Beginn sehr ungewohnt anfühlen und künstlich wirken. Manche Menschen befürchten, den Eindruck eines Papageis zu hinterlassen. Meist ist die Aufmerksamkeit auf das ungewohnt und vielleicht etwas seltsam Wirkende des Gesprächsstils auf Seiten derer, die diese Form des Begleitens üben, viel höher als bei den Gesprächspartnern. Von diesen wird es in Schulungen und Übungssituationen zumeist als viel weniger seltsam und künstlich erlebt. Dennoch ist es natürlich richtig, dass die Übungssituation eines noch ungewohnten Gesprächsverhaltens tatsächlich anders ist als die verinnerlichte, automatische Anwendung Motivierender Gesprächsführung nach jahrelanger Praxis. Während des Übens wird die Aufmerksamkeit ja selektiv auf bestimmte Teilaspekte gelenkt, was die natürliche Komplexität eines Gespräches einschränkt. Um eine bestimmte Teilfertigkeit zu verstehen und auszuprobieren, wird sie in den Fokus der Aufmerksamkeit gestellt und wie mit einer Lupe betrachtet. Dies wirkt immer etwas künstlich, weil es künstlich ist. Nicht nur in kollegialen Übungssituationen – deren Settingbedingungen ja zwangsläufig schon von den sonst üblichen Kommunikationsmustern der Beteiligten abweichen – sondern auch beim übenden Anwenden der neuen Inhalte im berufsalltäglichen Patientenkontakt. Nichtsdestotrotz ist das Anwenden und Sammeln eigener Erfahrungen die einzige Möglichkeit des Erlernens eines Verfahrens. Auch Tanzen oder Klavierspielen lässt sich nicht allein durch die Lektüre einer Anleitung erlernen. Deshalb möchten wir Ihnen das Üben so ans Herz legen und Sie ermuntern, das Neue auszuprobieren, auch wenn es zunächst vielleicht seltsam oder unbehaglich erscheint. Dies verliert sich mit der Zeit wachsender Anwendung und Vertrautheit mit den Konstrukten.

### 3.1.3.3  Change-Talk fördern

Was ist nun unter Change-Talk zu verstehen? Change-Talk oder Veränderungssprache bezeichnet sogenannte selbstmotivierende Äußerungen. Dies sind Äußerungen, mit denen Klienten ihre Fähigkeit, Bereitschaft, Gründe und Wünsche für eine Verhaltensänderung ausdrücken. Um ein griffiges Bild zu entwickeln, lässt sich die Veränderungssprache auch als selbstmotivierende Sprache bezeichnen, was sich als SMS abkürzen lässt. Wie bei einer SMS auf dem Handy sendet die Person im Gespräch in Form dieser selbstmotivierenden Sprache eine kurze Botschaft an Sie, die es gilt zu empfangen, zu verstehen und entsprechend zu beantworten. Die Antwort-SMS wäre in diesem Bild eine entsprechende, passende Reflexion, die den selbstmotivierenden Gehalt der Botschaft aufgreift und zurücksendet.

**SMS = selbstmotivierende Sprache**

Veränderungssprache ist wichtig, und wir sollen sie in der Motivierenden Gesprächsführung adäquat reflektieren. Doch wie ist Change-Talk zu erkennen? Es lassen sich grob vier Kategorien bilden:

**Erkennen von Veränderungssprache**

◢ Erkennen der Nachteile des Status quo,

◢ Erkennen der Vorteile einer Veränderung,

◢ Zuversicht bezüglich einer Veränderung sowie

◢ die Erklärung einer Veränderungsabsicht oder auch Selbstverpflichtung, etwas zu ändern.

Diese Äußerungen über Fähigkeit, Bereitschaft, Gründe und Wünsche für eine Verhaltensänderung sind leicht zu überhören, vielleicht auch, weil sie so normal oder trivial erscheinen können. Veränderungssprache versteckt sich hinter allen Äußerungen, in denen Klienten etwas dazu sagen, welche negativen Konsequenzen aus dem problematischen Verhalten erwachsen, warum es so nicht mehr weitergehen kann/sollte:

◢ *„Jetzt wurde mir schon wieder der Führerschein entzogen!"*

◢ *„Wenn ich so weitermache, dann lande ich noch im Rollstuhl."*

oder auch unspezifischer:

◢ *„… das geht so echt nicht mehr weiter"*

Auch alle Gründe und Wünsche, die für eine Verhaltensänderung sprechen würden, gehören zur Veränderungssprache:

◢ *„Es wäre schon toll, wieder fitter zu sein – ich würd schon gern den Halbmarathon im März schaffen."*

◢ *„Der Job in Dubai wäre absolut mein Ziel! Doch da checken die natürlich ganz genau die Gesundheit und die Blutwerte und so …"*

oder auch indirekter:

◢ *„Meine Kinder stehen an erster Stelle, das ist mir echt wichtiger als alles andere."*

Weiter geht es mit Äußerungen, in denen irgendetwas zur subjektiv erlebten Fähigkeit, Zuversicht und Selbstwirksamkeitserwartung zum Ausdruck kommt:

◢ *„Mit dem Rauchen aufzuhören, das hat so gut geklappt, dann krieg ich das mit dem Abnehmen wohl auch noch hin."*

oder unspezifischer:

◢ *„Wenn ich mir was vornehme, dann schaff ich das auch!"*

Von besonderer Bedeutung sind Äußerungen, die eine konkrete Absicht, sich zu verändern, erklären und quasi eine Selbstverpflichtung beinhalten:

◢ *„Wenn das Baby kommt, werde ich auf jeden Fall mit dem Rauchen aufhören.*

◢ *„Ich muss jetzt endlich was für meine Gesundheit tun, mindestens zehn Kilo müssen runter!"*

Zum besseren Merken hier noch einmal zusammenfassend die vier Kategorien, in die sich Change-Talk/Veränderungssprache einordnen lässt:

---

**Change-Talk**
◢ Erkennen der Nachteile des Status quo
◢ Erkennen der Vorteile einer Veränderung
◢ Zuversicht äußern bezüglich einer Veränderung
◢ Veränderungsabsicht erklären oder Selbstverpflichtung, etwas zu ändern

---

**selektives Reflektieren von Veränderungssprache**

Change-Talk ist so bedeutsam in der Motivierenden Gesprächsführung, dass Veränderungssprache selektiv reflektiert wird. An dieser Stelle ist MI sehr direktiv. Das empathische aktive Zuhören und die Exploration der Ambivalenzen dienen dazu, Change-Talk bei der Person zu entwickeln und hervorzulocken. Wo es dabei hingeht, welche Gründe, Ziele und Bewertungen dabei im subjektiven Bezugssystem relevant sind, liegt wie schon oft erwähnt völlig bei der Person selbst. Wichtig ist es, die selbstmotivierenden Äußerungen über Anregung zur Exploration zu fördern, sie dann auch zu erkennen und sie über gezieltes Reflektieren zu verstärken.

> **!** **Merksatz: Change-Talk**
> Veränderungssprache entwickeln, erkennen, reflektieren und bestätigen!

## Übung 8: Change-Talk/Veränderungssprache

a) Übung allein:
Change-Talk identifizieren: Blättern Sie zurück in Kapitel 3.1.2 zum Dialogbeispiel auf S. 41.

◢ Versuchen Sie, in dieser Gesprächssequenz unter den Patientenäußerungen die Veränderungssprache zu entdecken. In welchen Äußerungen werden Ihrer Meinung nach Fähigkeit, Bereitschaft, Gründe und Wünsche für eine Veränderung ausgedrückt?

◢ Wie könnten Sie diese Äußerungen reflektieren? Versuchen Sie – unabhängig von den dort stehenden ärztlichen Erwiderungen – andere Antwortoptionen und passende Reflexionen zu finden, die die Veränderungssprache aufgreifen und spiegeln.

b) Übung allein:
Achten Sie in den nächsten Patienten-/Klientengesprächen einmal gezielt auf Change-Talk.

◢ Lenken Sie Ihre Aufmerksamkeit konkret auf Äußerungen, in denen die Person ihre Fähigkeit, Bereitschaft, Gründe und Wünsche für eine Veränderung zum Ausdruck bringt. Können Sie die Veränderungssprache heraushören? Dies ist anfangs nicht immer ganz einfach und erfordert meist etwas Übung und Gewöhnung. Nehmen Sie sich Zeit dafür. Vielleicht üben Sie in einem Gespräch erst einmal nur das Heraushören von Change-Talk. Sobald Ihnen das vertrauter erscheint und Sie sich sicherer fühlen, gehen Sie weiter.

◢ Versuchen Sie nun, im Gespräch etwas zu experimentieren: Antworten Sie vor allem auf die Patienten-/Klientenäußerungen, die Veränderungssprache beinhalten. Versuchen Sie, diese Äußerungen zu reflektieren und gelegentlich zusammenzufassen.

◢ Ist die Veränderungssprache für Sie einfach zu erkennen oder leicht zu überhören? Was hilft Ihnen, solche Äußerungen zu identifizieren?

◢ Welche Unterschiede bemerkten Sie in der nachfolgenden Exploration, je nachdem, ob Sie Change-Talk reflektierten oder andere Äußerungen?

c) Übung in kollegialer Zweier- oder Dreiergruppe (mit Beobachter/in):

Lassen Sie sich von Ihrem/Ihrer kollegialen Gesprächspartner/-partnerin etwas zu einem eigenem Gesundheitsthema erzählen, zum Beispiel darüber, wie es mit Bewegung oder Sport im Alltag aussieht. Hören Sie empathisch und aktiv zu.

◢ Lenken Sie Ihre Aufmerksamkeit konkret auf Äußerungen, in denen die Person ihre Fähigkeit, Bereitschaft, Gründe und Wünsche für eine Veränderung zum Ausdruck bringt. Können Sie die Veränderungssprache heraushören? Dies ist vielleicht nicht ganz einfach und erfordert etwas Übung und Gewöhnung. Nehmen Sie sich ausreichend Zeit dafür.

◢ Versuchen Sie nun, im Gespräch etwas zu experimentieren: Antworten Sie vor allem auf die Äußerungen, die Veränderungssprache beinhalten. Versuchen Sie diese Äußerungen zu reflektieren und gelegentlich zusammenzufassen.

◢ Ist die Veränderungssprache für Sie einfach zu erkennen oder leicht zu überhören? Was hilft Ihnen, solche Äußerungen zu identifizieren?

◢ Welche Unterschiede bemerkten Sie in der nachfolgenden Exploration, je nachdem, ob Sie Change-Talk reflektierten oder andere Äußerungen? Dauer etwa 10–15 Minuten.

> ◢ Tauschen Sie sich anschließend aus, wie Sie in der jeweiligen Rolle das Gespräch erlebt haben.
> ◢ Dann Rollenwechsel.
> ◢ Wiederholen Sie diese Übung möglichst in mehreren Durchgängen, um im Erkennen und Reflektieren von Veränderungssprache sicherer zu werden.

### 3.1.3.4 Bestätigen der Klienten

Ein weiteres für die Motivierende Gesprächsführung typisches Element der Basisstrategien ist es, Klienten zu bestätigen. Hiermit ist gemeint, auf eine Äußerung oder Handlung ausdrücklich anerkennend zu reagieren und diese mit besonders deutlichem Verständnis zu würdigen.

**Anerkennung ausdrücken**

Zur Illustration sei beispielhaft folgende Situation geschildert: Eine Patientin erscheint in der Sprechstunde. Im letzten Jahr hatte sie einen stationären Alkoholentzug durchgeführt und war seitdem erfolgreich abstinent geblieben. Als sie nun zur Ärztin kommt, wirkt sie leicht entzügig und nervös, ihre Körpersprache verrät deutliches Unbehagen und wie unangenehm ihr diese Situation ist.

P: *„Ich muss Ihnen was beichten. Mir ist was ganz Blödes passiert, weiß auch nicht, wie es dazu kommen konnte. Letzten Sonntag habe ich wieder was getrunken! Weiß wirklich nicht, was mich da geritten hat …"*

A: *„Ich möchte Ihnen erst mal sagen, wie toll ich es finde, dass Sie so schnell zu mir gekommen sind. Ich kann mir vorstellen, dass Ihnen das Ganze vermutlich ziemlich unangenehm ist und wie viel Überwindung Sie das gekostet haben muss, trotzdem herzukommen. Sie haben genau das Richtige gemacht, so schnell nach dem Ausrutscher zu kommen!"*

Die Reaktion der Ärztin zeigt deutlich, was unter bestätigen zu verstehen ist. Bevor auf den Rückfall näher eingegangen wird, wie es dazu kam, welches nun die nächsten Schritte sein sollen etc., würdigt die Ärztin erst einmal, dass die Patientin überhaupt zu ihr in die Sprechstunde kam. Wer mit suchtkranken Menschen arbeitet, weiß, wie wenig selbstverständlich das ist und welche Hürden an Scham, Wut und anderen negativen Gefühlen erst überwunden werden müssen. Häufig verhindert dieser Abstinenzverletzungseffekt erst einmal das Aufsuchen professioneller Hilfsangebote. Das Verhalten der Patientin verdient also höchsten Respekt und Anerkennung, nicht zuletzt deshalb, um das durch den Rückfall verletzte Selbstwertgefühl wieder zu stärken. Wie schon an anderer Stelle erwähnt, ist beim Bestätigen Selbstkongruenz gefragt. Bleiben Sie bei dem, was Sie wirklich erleben, und äußern Sie positive Bestätigungen nur, wenn Sie davon auch wirklich überzeugt sind.

**Vorsicht Kommunikationssperre**    Bestätigen unterscheidet sich vom Reflektieren, indem es bewusst aus der Begleitungsperspektive Stellung nimmt. Da auch Lob zur Kommunikationssperre werden kann, birgt dies das Risiko, durch die Bestätigung Irritation und Reaktanz auszulösen. Vor allem im deutschen Sprachraum ist hier Vorsicht geboten und sollten Bestätigungen mit Sensibilität für die kulturelle und individuelle Passung eingesetzt werden. Was in den USA akzeptiert wird, kann hierzulande durchaus auf Widerstand stoßen und Befremden auslösen.

### 3.1.4 Problematische Kommunikationsmuster

Zum Abschluss des Kapitels der Grundlagen Motivierender Gesprächsführung möchten wir nochmals die Aufmerksamkeit auf problematische Kommunikationsmuster und eher zu vermeidende Verhaltensweisen lenken.

**zu viele Fragen**    Bereits in den Abschnitten über offene Fragen und aktives Zuhören (Kap. 3.1.3.1 und 3.1.3.2) wurde empfohlen, nicht zu viele Fragen zu stellen, sondern häufiger zu reflektieren. Denn stellen wir zu viele – vor allem geschlossene – Fragen, kann dies in eine Frage-Antwort-Falle führen, in der eine Äußerung die nächste jagt. Es entsteht der Eindruck eines reaktiven Ping-Pong-Spiels, das kaum Zeit zum Reflektieren lässt, da jede Frage eine knappe Antwort provoziert. Diese wiederum provoziert mangels vertiefter Exploration, die sich reflektieren ließe, das Stellen einer weiteren Frage, um das Gespräch in Gang zu halten. Ein solches Kommunikationsmuster ist auf Dauer nicht nur sehr anstrengend, sondern kann auch verunsichernd und irritierend wirken. Darüber hinaus fördert es kaum die uns unbekannten individuell geprägten Inhalte und Bewertungen zutage, wie sie die durch geschicktes Reflektieren geförderte freie Exploration anbietet.

Es wurde bereits mehrfach erwähnt, dass sich die Motivierende Gesprächsführung am Wert- und Zielsystem der Klienten orientiert und deren Autonomie respektiert. Verhaltensweisen, die innerhalb der Interaktion ein Machtgefälle aufbauen könnten, sind deshalb unbedingt zu vermeiden. So ist es wichtig, Kommunikationssperren zu vermeiden, die beispielsweise durch Belehrungen, ungefragte Ratschläge oder Lösungsvorschläge oder explizite Bewertungen in Kritik und Lob zum Ausdruck gebracht werden.

**Machtgefälle vermeiden**

◢ *Ich würde Ihnen dringend raten abzunehmen. Sie könnten sich doch vielleicht in einem Fitnesscenter anmelden oder auch regelmäßig walken – da gibt es zum Beispiel auch recht gute Kurse, die von der Krankenkasse bezahlt werden.*

◢ *Sie sollten unbedingt kürzer treten im Beruf! Haben Sie sich denn schon einmal überlegt, in Altersteilzeit zu gehen?*

◢ *Ab und zu auf ein Bier zu verzichten, bringt Ihnen nicht viel. Da hilft nur, mindestens eine Zeit lang gar keinen Alkohol mehr zu trinken.*

Bei diesen Beispielen ist es recht wahrscheinlich, Reaktanz zu ernten. Versuchen Sie einmal, sich in die Person hineinzuversetzen, wie diese sich wohl fühlt in einer solchen Interaktion. Die Reaktion auf derartige Äußerungen wird vermutlich ein „Ja, aber ..." oder direkter Widerspruch sein.

Auch das Bagatellisieren von Einwänden oder geäußerter Bedenken wirkt sich ähnlich negativ aus.

**Bagatellisieren**

◢ *Die Furcht vor Nebenwirkungen ist völlig unbegründet, da müssen Sie sich wirklich keine Sorgen machen!*

Durch solche Äußerungen fühlt sich die Person in ihrem Erleben und der eigenen Beurteilung vermutlich nicht ernst genommen, sondern eher von oben herab behandelt. Auch hier ist es wahrscheinlich, Reaktanz zu provozieren.

Eine besondere Rolle im ärztlichen Setting spielen die grundsätzlich problematischen Kommunikationsmuster. Etikettieren, Interpretieren und Diagnostizieren. Diese können sehr leicht die Interaktion stören. Andererseits ist die Diagnosestellung Teil des ärztlichen Handelns und Auftrags. Betrachten wir das Gebiet gesundheitsschädlichen Verhaltens, ist die Grenze fließend zwischen Risikoverhalten und dessen diagnostizierbaren relevanten

**Diagnostizieren – ein zweischneidiges Schwert**

Konsequenzen mit Krankheitswert. Rauchen, trinken, Bewegungsmangel und ungünstige Ernährungsgewohnheiten gehören zum Alltagshandeln und können zu benennbaren Störungen führen. Je nach Problembewusstsein, individuellem Wertesystem und Health-Belief-Modell attribuieren und beurteilen Patienten Ursachen und Folgen individuell ganz unterschiedlich. Aus ärztlicher Sicht kann sich beispielsweise aus einer Schilderung regelmäßig gesteigerten Konsums der Hinweis auf Toleranzentwicklung und Abhängigkeit ableiten.

◢ *So wie das aussieht, sind Sie alkoholabhängig.*

Selbst wenn diese Feststellung fachlich zutreffend sein mag, ist Vorsicht geboten bei der Äußerung möglicherweise stigmatisierender Diagnosen. Manche Patienten attribuieren das Verhalten zwar durchaus medizinisch-somatisch und erleben die Benennung einer Diagnose als klärend und vielleicht sogar entlastend. Andere hingegen erleben das Diagnostizieren jedoch als entwertend und beschämend und würden auf eine solche Äußerung eher mit Selbstwert schützender Reaktanz reagieren (*„Ich bin doch kein Alkoholiker!"*), was die weitere Kommunikation und Exploration behindert.

Um die Veränderungsbereitschaft hinsichtlich des Alkoholkonsums zu fördern, ist es nicht nötig, dass die Person ein solches Etikett annimmt. Es ist letztlich unerheblich, ob sie sich als alkoholkrank bezeichnet oder, ohne diese Diagnose anzunehmen, Gründe für sich findet, das Verhalten zu ändern. Wie in den letzten Kapiteln ausgeführt, ist es für die Motivation zu einem gesundheitsförderlichen Verhalten vor allem wichtig, dass Patienten Diskrepanzen zwischen individuellen Ziel- und Idealvorstellungen und dem Status quo erleben. Sollten individuelle Konzepte von Alkoholabhängigkeit eine Rolle spielen, lassen sich diese natürlich aufgreifen. Ein sensibler Umgang ist dennoch angezeigt, um den schmalen Grat zwischen Reflexion der geäußerten Sorge und Widerstand auslösender Konfrontation mit einem stigmatisierenden Label zu beschreiten. Eine Brücke könnte zum Beispiel gebaut werden, indem Sie die Sorgen aufnehmen und durch Betonen der Potenzialität einer zukünftigen unerwünschten Entwicklung Abstand schaffen:

◢ *Wenn das so weitergeht, befürchten Sie, könnte sich da ein ernsthaftes Problem mit dem Alkohol entwickeln – und Sie möchten auf keinen Fall abhängig werden.*

Oder bei unklarem Problembewusstsein:

◢ *Im Moment sehen Sie da noch kein Problem, aber wenn das immer*
*so weitergeht, könnte sich später schon ein ernsthaftes Problem mit*
*dem Alkohol entwickeln.*

In den vorangegangenen Kapiteln wurde schon mehrmals die Wichtigkeit der Entscheidungsfreiheit und Evocation betont. Argumente und Beweggründe basieren auf dem subjektiven Wertesystem der Klienten/Patienten, deren Bewertungsperspektive des Ambivalenzkonfliktes zu respektieren ist. Es ist entscheidend, der Ambivalenz und ihrer Exploration ausreichend Raum und Zeit zu geben, ohne sich als Beratende auf eine Seite der Ambivalenz zu schlagen oder vorschnell auf irgendwelche Lösungen festzulegen. Wenn wir anstatt zu reflektieren explizit Partei ergreifen für die Verhaltensänderung als eine der beiden Positionen, kann dies als Einschränkung der Freiheits- oder Handlungsspielräume wahrgenommen werden. Die so provozierte Reaktanz wird dann vermutlich genau das Gegenteil bewirken, nämlich dass von Ihrem Gegenüber die unterrepräsentierte Seite der Ambivalenz-Waage betont und alles hervorgehoben wird, was *gegen* die Veränderung spricht. Partei zu ergreifen, führt beinahe zwangsläufig in eine Argumentationsfalle, die sich in Interaktionen zeigt, die dem bereits erwähnten Tauziehen ähneln.

**... besser nicht Partei ergreifen**

Dies leitet direkt über zu einem weiteren problematischen Kommunikationsmuster, der Lösungs- oder Rettungsfalle. Menschen in medizinischen oder sozialen Helferberufen neigen häufig dazu, sich engagiert und kompetent aktiv an der Problemlösung zu beteiligen. Die Gründe hierfür sind vielfältig. Neben der individuellen können auch die berufliche Sozialisation und historisch gewachsene, gesellschaftlich vermittelte Rollenerwartungen es fördern, die Verantwortung für Klienten und Patienten zu übernehmen. Die Versuchung, deren Probleme zu lösen, wird vom belohnenden guten Gefühl nach erfolgreicher Problemlösung genährt und nicht zuletzt auch vom mehr oder weniger appellativen Charakter mancher Hilfegesuche der Klientel. Und wer es im beruflichen Alltag gewohnt ist, schnell und effizient Analysen und Lösungsstrategien für Probleme, Krisen und Fragestellungen jedweder Art zu finden, wendet dieses erfolgreiche Verhaltensmuster gerne auch auf die soziale Interaktion mit Patienten an. Die Begleitung gesundheitsförderlicher Verhaltensän-

**Retter, Held und Helfer in der Not?**

derungen ist jedoch keine Notfallmedizin und impliziert unterschiedliches professionelles Handeln.

Auch wenn es vielleicht manchmal schwerfällt – halten Sie sich deshalb mit eigenen Lösungsvorschlägen eher zurück. Verhaltensänderungen erfordern eigenes Commitment. Ihre Aufgabe ist nicht, das Problem für Ihre Patienten zu lösen und passive Erwartungshaltungen zu bedienen. Die Professionalität in Gesprächsführung und Begleitung liegt in der kommunikativen Kompetenz, Klienten/Patienten zu unterstützen, ihre eigenen Motive für eine Verhaltensänderung zu explorieren, deren Selbstwirksamkeitserwartung zu fördern und eigene Ressourcen zu aktivieren. Es ist selbstwirksamkeitsförderlicher, den Veränderungsprozess aktiv zu gestalten als mithilfe fremder Patentrezepte. Das bedeutet nicht, dass überhaupt keine Umsetzungsstrategien angeboten werden dürfen. Die Betonung liegt auf dem Angebotscharakter und setzt eine vorherige Zielbestimmung seitens der Person voraus. Definieren wir Ziele als – doch scheinbar so nahe liegende – Lösungen des Problems, finden wir uns schnell in einem Lösungskarussell wieder, das ein „Ja, aber …" provoziert, sodass immer wieder neue Vorschläge gemacht werden müssen. Aus diesem Karussell auszusteigen, kann auch entlastend sein für die Begleitenden. Es mindert Erfolgsdruck, narzisstische Kränkbarkeit, Ungeduld und Frustrationspotenzial. In diesem Sinne fungiert die Vermeidung der Lösungsfalle sozusagen gleichermaßen als Burn-out-Prophylaxe der Helfenden.

Die Person ist selbstverantwortlich für ihr Leben und die Entscheidungen über Lebensführung und deren Konsequenzen. Sie entscheidet jederzeit selbst, ob, wann und wie sie sich ändern will. Wir unterstützen lediglich diesen Prozess und versuchen, durch geeignete Kommunikation die Veränderungsbereitschaft zu fördern.

> **!** **Vorsicht Fallstricke!**
> - ◢ Frage-Antwort-Falle
> - ◢ Macht- und Expertenfalle
> - ◢ Etikettierung
> - ◢ Partei ergreifen
> - ◢ Lösungs-/Rettungsfalle

## Übung 9: Problematische Kommunikationsmuster

Übungen in kollegialer Zweier- oder Dreiergruppe (mit Beobachter/in):

a) „Alles falsch machen": Lassen Sie sich von Ihrem/Ihrer kollegialen Gesprächspartner/-partnerin etwas zu einem beliebigen einfachen Ambivalenzthema erzählen, das nicht zu emotional belastet ist (zum Beispiel Möbelanschaffung; Bio-Lebensmittel kaufen ja oder nein; Wohnung renovieren; mit dem ÖPNV, Fahrrad oder Auto zur Arbeit fahren oder Ähnliches).

◢ Hören Sie diesmal nicht empathisch zu, sondern versuchen Sie, bewusst alles falsch zu machen: Bagatellisieren Sie geäußerte Sorgen und Konflikte, kritisieren, widersprechen und belehren Sie, geben Sie ungefragte kluge Ratschläge etc. Dauer etwa 5 Minuten.

◢ Tauschen Sie sich anschließend aus, wie Sie in der jeweiligen Rolle das Gespräch erlebt haben.

◢ Dann Rollenwechsel.

◢ Diese Übung eignet sich besonders im direkten Vergleich zu Übung 4a) aus Kapitel 3.1.2.1 und Übung 7c) aus Kapitel 3.1.3.2

b) Lösungsfalle: Lassen Sie sich wieder von Ihrem/Ihrer kollegialen Gesprächspartner/-partnerin etwas zu einem beliebigen einfachen Ambivalenzthema erzählen, das nicht zu emotional belastet ist (siehe oben). Die erzählende Person soll dabei eine Haltung einnehmen, die an Ihre Helferrolle und Problemlösungskompetenz appelliert (Motto: *Frau Doktor, was soll ich nur tun?*) Hören Sie empathisch und aktiv zu, reflektieren Sie das Verstandene.

◢ Versuchen Sie nun, in der ersten Hälfte des Gesprächs aktiv nach Lösungen zu suchen und diese auch vorzuschlagen. Stellen Sie sich vor, dass Sie mitverantwortlich für die Problemlösung sind. Achten Sie dabei auch auf Ihre eigenen Kognitionen, Gefühle und Ihre Körperhaltung.

▲ In der zweiten Hälfte des Gesprächs versuchen Sie nun, sich ganz gezielt aus dem Lösungskarussell herauszuhalten. Bleiben Sie einfach beim Reflektieren und widerstehen Sie eventuellen Lösungsimpulsen. Sollten Sie bemerken, dass Sie anfangen, angestrengt nach Lösungen zu suchen, lehnen Sie sich zurück in eine bequeme Sitzposition und atmen einmal bewusst durch. Konzentrieren Sie sich dann wieder nur auf das Reflektieren.

▲ Dauer etwa 10–15 Minuten. Welche Unterschiede bemerkten Sie?

▲ Dann Rollenwechsel.

## 3.2 Kurzinterventionen

*Rigo K. Brueck*

**MIKI**  Die Motivierende Gesprächsführung wurde ursprünglich für die in der therapeutischen Arbeit übliche Sitzungslänge von etwa 45–90 Minuten konzipiert. In der Evolution des MI gibt es großen Bedarf, die Technik für Anwendungsbereiche zu adaptieren, die anderen Rahmenbedingungen unterworfen sind. Im ärztlichen Bereich sind diese Rahmenbedingungen in ganz besonderem Maße durch Zeitknappheit definiert. Das hat zur Folge, dass sich Kurzinterventionen mit Motivierender Gesprächsführung doch spürbar von der „reinen" Form des MI unterscheiden. Deshalb schlagen wir vor, diese spezielle Form des MI als MIKI zu bezeichnen.

Kurzinterventionen zielen hauptsächlich darauf ab, gesundheitsförderliches Verhalten zu verstärken und auszubauen. Sie zeichnen sich dadurch aus, dass sie grundsätzlich nur einen geringen Aufwand an Zeit erfordern und sich in vielen Bereichen bewährt haben, so zum Beispiel bei Tabak- und Alkoholkonsum, aber auch beim Essverhalten. Sie umfassen Interventionen von unterschiedlicher Länge und Form, wie schriftliche Information, Ratschlag, Kurzberatung (= 1 Stunde) und Beratung (> 1 Stunde), und werden am häufigsten in der medizinischen Basisversorgung eingesetzt, das heißt in Krankenhäusern, Arztpraxen und Beratungsstellen. Es gibt zahlreiche Untersuchungen und Übersichtsarbeiten, die die Wirksamkeit dieser Kurzinterventionen nachweisen [John et al. 1996; Bien, Miller & Tonigan 1993; Rumpf et al. 2000].

In einer Veröffentlichung berichtete die Arbeitsgruppe um Bill Miller, einem der Entwickler des Motivational Interviewing, über die Elemente von Kurzinterventionen, die in der Fachliteratur als wirksam nachgewiesen wurden [Miller & Sanchez, 1994]. Diese Elemente fassten sie unter dem Akroym FRAMES zusammen. Frames ist das englische Wort für Rahmen. Diese Elemente bilden sozusagen den Rahmen für erfolgreiche Kurzinterventionen. Leider hat sich der Irrtum verbreitet, dass FRAMES eine eigenständige Intervention darstellt. Dem ist aber nicht so. FRAMES ist nur eine Aufzählung von Elementen, die diesen untersuchten wirksamen Interventionen gemein ist.

**FRAMES**

Feedback       =    Rückmeldung
Responsibility =    Verantwortung
Advice          =    Ratschlag
Menue         =    Auswahl
Empathy       =    Empathie
Self-efficacy   =    Selbstwirksamkeit

Zum besseren Verständnis bedürfen diese Schlagwörter einer genaueren Betrachtung.

### Feedback/Rückmeldung

Dieses Element bezieht sich auf die Vermittlung von Ergebnissen der Untersuchungen, denen sich die Teilnehmer der untersuchten Methoden unterzogen hatten, meist in Form einer Erhebung bei Studieneinschluss. Es kann sich hierbei um Fragebögen, Blutbild, körperliche Untersuchungen, strukturierte Interviews und Ähnliches handeln. In manchen wissenschaftlichen Studien sind diese Erhebungen sehr umfassend und können vier bis sechs Stunden dauern. Miller und Sanchez sehen die Wirksamkeit dieses Elements darin, dass es die Entwicklung einer Dissonanz fördert zwischen dem Ist-Zustand (Rauchen, Trinken, Bewegungsmangel, Kurzatmigkeit, Bluthochdruck etc.) und den wichtigen persönlichen Wünschen und Zielen des Patienten, dem Soll- beziehungsweise Idealzustand.

### Responsibility/Verantwortung

Bei diesem Baustein geht es um eine klare Betonung der Verantwortung des Patienten für die Umsetzung und den Erfolg der Behandlung. Diese Vorgehensweise scheint den Patienten zu helfen, den Behandlungsplan als ihr Eigen – im Sinne einer Selbstverpflichtung – anzunehmen.

### Advice/Ratschlag

Klare, verständliche und umsetzbare Handlungsanweisungen sind Inhalt dieses Teilstücks. Auf den ersten Blick erscheint dies als selbstverständlich und nicht weiter erwähnenswert. Bei genauerer Betrachtung zeigt sich jedoch, dass sowohl der Inhalt als auch die Art und Weise des Ratgebens einen ganz entscheidenden Einfluss auf den Erfolg, das heißt die Annahme und Umsetzung des Rats haben. Man denke hier an den Spruch „Der Ton macht die Musik".

### Menue/Auswahl

Die Möglichkeit, aus einer Palette von Handlungsoptionen selbst auswählen zu können, welche spezifische Aktion umgesetzt wird, scheint die Wahrscheinlichkeit zu erhöhen, dass überhaupt etwas konkret verändert wird. Die Autoren vermuten, dass hier Autonomie und Selbstbestimmung beim Patienten angeregt und aktiviert werden.

### Empathy/Empathie

Diese Komponente beschreibt den Stil der Interaktion. Gemeint ist eine zugewandte, verständnisvolle, beurteilungsfreie Art des Mit-dem-Patienten-Seins. Es ist wohl Carl Rogers, der durch seine wissenschaftlichen Untersuchungen zu diesem Thema den herausragenden Stellenwert der Empathie begründet hat (s.a. Kap. 2.2.1 und 3.1.2.1).

### Self-Efficacy/Selbstwirksamkeit

Hier geht es um die Erwartung des Patienten, eine Aufgabe bzw. Herausforderung erfolgreich zu meistern. Viele Untersuchungen untermauern die Annahme, dass die Einschätzung, „Ich kann das schaffen" die Wahrscheinlichkeit erhöht, die Sache auch wirklich in Angriff zu nehmen, obwohl der Ausgang ungewiss und mit einem Risiko verbunden ist. Praktisch geht es darum, die

Selbstwirksamkeitserwartung des Patienten so weit zu fördern und zu erhöhen, dass die wahrgenommene innere Anspannung, das Gefühl der Ungewissheit oder der Wunsch auszuweichen beziehungsweise zu vermeiden, den Handlungsimpuls nicht mehr hemmen oder hindern (s.a. Kap. 2.2.2.1 und 3.1.2.5).

Es sei abschließend noch einmal betont, dass FRAMES nur eine Auflistung von Elementen darstellt und keine eigenständige Intervention ist.

Basierend auf dem, was wir bisher dargestellt haben, möchten wir nun für die Umsetzung von Kurzinterventionen in Motivierender Gesprächsführung sechs Gebote formulieren:  **6 Gebote**

1. Gebot: Höre deinem Patienten aufmerksam zu!
2. Gebot: Hole deine Patientin da ab, wo sie ist!
3. Gebot: Bestätige die Autonomie/Wahlfreiheit deines Patienten!
4. Gebot: Biete deiner Patientin eine Auswahl von Optionen an!
5. Gebot: Baue die Erfolgszuversicht deines Patienten auf!
6. Gebot: Eile mit Weile!

Noch ein Caveat:

Im Journal of Chronic Disease berichteten Bartlett et al. [1984], dass im Verlauf einer einzigen Visite im Durchschnitt 60 Ratschläge gegeben wurden und die „Vermittlung von Verständnis und Empathie" das am wenigsten gezeigte Gesprächsverhalten war. Zieht man in diesem Zusammenhang den Spruch „Ratschläge sind auch Schläge" in Betracht, ergibt sich ein eher unschönes Bild.

Die Frage „Ja, wie sage ich es denn dann meinem Patienten?" bringt uns zum nächsten Thema:

## 3.2.1 Eröffnungszüge

Dieser Ausdruck mag bei Ihnen das Bild einer Schachpartie entstehen lassen. Es gibt auch eine andere Metapher, die wir in der Motivierenden Gesprächsführung gerne verwenden: die von einem gemeinsamen Tanz. In der Tanzmetapher sind die Eröffnungszüge der Aufforderung zum Tanzen gleichzusetzen. Grundsätzlich geht es darum, einen leichten Einstieg in Themen zu finden, die in der Praxis oft Vermeidungsverhalten auslösen.

Die Eröffnungszüge sind:
1. Um Erlaubnis fragen
2. Klarstellen, dass es nur um ein kurzes Ansprechen geht
3. Betonen, dass keinerlei Entscheidung gefordert wird
4. Autonomie und Entscheidungsfreiheit bestärken

Alle diese Eröffnungszüge sollen helfen, das Aufkommen von Widerstand zu vermeiden, der leicht entstehen kann, wenn es um neue, unangenehme oder kontroverse Sachverhalte geht. Diese Vorgehensweise kann eine mögliche initial negative Reaktion wirksam abmildern. Diese Technik haben wir schon im Zusammenhang von „Bedenken äußern" in Kapitel 3.1.3.2. angesprochen. Hier ein Beispiel zur Erinnerung:

A: *„Liebe Frau Hauser, wenn ich mir anhöre, was Sie da sagen, dann kommen mir doch einige Bedenken. Wäre es in Ordnung, wenn ich Ihnen diese Bedenken mitteile?"*

Im Kontext der Eröffnungszüge könnte es wie folgt lauten:
◢ A: *„Wäre es in Ordnung, wenn ich kurz etwas anspreche?"*
oder
◢ A: *„Darf ich Ihnen da einen Rat geben?"*

Es kommt kaum vor, dass die Person die Erlaubnis verweigert, aber falls das geschehen sollte, ist es natürlich wichtig, dann auch den Wunsch der Person zu respektieren:

P: *„Ehrlich gesagt Frau Doktor, für heute habe ich genug gehört. Können wir das nicht ein andermal besprechen?"*

A: *„Für heute reicht es Ihnen. Ihren Wunsch werde ich natürlich respektieren. Das besprechen wir dann bei unserem nächsten Termin."*

Damit haben Sie dann aber auch die implizite Erlaubnis, den Sachverhalt beim nächsten Besuch auf die Agenda zu setzen. Wie man das machen kann, zeigen wir Ihnen im nächsten Abschnitt.

Hier nun ein Beispiel für eine solche Eröffnungssequenz als Ganzes:

A: *„Ich würde heute gerne mal mit Ihnen über die Blutdruckmedikamente reden. Ist das für Sie okay?"*

P: *„Das dauert aber doch nicht zu lange? Ich habe heute nicht soviel Zeit."*

A: *„Nein, nein. Wir reden nur kurz darüber. Da brauchen Sie auch heute gar keine Entscheidungen zu treffen. Und wenn Sie denken, dass es heute gar nicht geht, liegt die Entscheidung natürlich ganz bei Ihnen."*

### Übung 10: Eröffnungszüge

Übung in Zweier- oder Dreiergruppe (mit Beobachter/in):
◢ Entwickeln Sie ein Szenario, wie es in Ihrer Praxis vorkommen kann.
◢ Experimentieren Sie mit den Eröffnungszügen im Rollenspiel.

## Vom Hölzchen aufs Stöckchen

Hier noch ein Tipp für den Umgang mit Patienten, die Schwierigkeiten haben, beim Thema zu bleiben, abschweifen und sich in ihrem Gesprächsfluss nicht strukturieren können. Bei diesen Patienten hat sich die Technik der einleitenden strukturierenden Aussage bewährt.

**einleitende strukturierende Aussage**

Hier ein Beispiel:

A: *„Wir haben in unserer Praxis ein neues Formular eingeführt, das uns hilft, für die Patienten wichtige Bereiche anzusprechen. Das würde ich heute gerne mal mit Ihnen anschauen. Aber bevor wir das machen, möchte ich zuerst erfahren, wie es Ihnen geht und ob es etwas Dringendes gibt?"*

Der Arzt gibt die Agenda für das Gespräch ganz klar vor, gibt dem Patienten aber sofort Raum, für ihn dringende oder relevante Sachverhalte mitzuteilen. Sollte der Patient sich dann verlieren, kann der Arzt ihn auf das Thema zurückbringen. Dabei ist es hilfreich, kurz zu spiegeln, was der Patient gesagt hat, und dann die Agenda wieder zur Sprache zu bringen:

A: *„Großartig! Auf Ihrer letzten Tour haben Sie es geschafft, zweimal zu walken, obwohl Ihnen das vorher nie gelungen ist. Super Leistung! Herr Müller, wir wollten uns heute ja dieses neue Arbeitsblatt anschauen. Ist es okay, wenn wir das noch einmal aufgreifen?"*

**Übung 11: Vom Hölzchen aufs Stöckchen**

Übung allein:
◢ Identifizieren Sie einige Ihrer Patienten, die die Tendenz haben, sich zu verlieren.
◢ Formulieren Sie einleitende strukturierende Aussagen zu Themen, die häufig zu besprechen sind.

Übung in Zweier- oder Dreiergruppe (mit Beobachter/in):
◢ Üben Sie diese im Rollenspiel, und führen Sie die gespielten Patienten zum Gesprächsthema zurück.

### 3.2.2 Themen sammeln

Was ist Ihnen lieber, ein Restaurant, das nur ein Gericht anbietet, oder eine Speisekarte, die eine Auswahl von Gerichten verschiedener Art und Größen anbietet?

Wahrscheinlich ist Ihnen die zweite Variante genehmer?

Ist das der Fall, sind Sie nicht allein, und wie wir schon oben in der Vorstellung der FRAMES gesehen haben, zeichnen sich erfolgreiche Kurzinterventionen auch dadurch aus, dass sie dem Patienten eine Auswahl von möglichen Behandlungsoptionen anbieten.

Dazu möchten wir Ihnen ein Arbeitsblatt vorstellen, das den Patienten einerseits Auswahl und Entscheidungsfreiheit anbietet, andererseits aber geläufige wichtige Gesundheitsbereiche thematisiert, die immer wieder Kernstücke von Verhaltensänderungsprogrammen ausmachen, deren alleiniges Ansprechen aber oft schon heftiges Vermeidungsverhalten auslöst. Genau genommen ist das Arbeitsblatt keine Auswahl von Behandlungsoptionen, aber es ermöglicht es dem Patienten, wichtige Themen in seinem Gesundheitsverhalten zu betrachten, zu erwägen und zu Entscheidungen zu gelangen.

Da Selbstbestimmung und Entscheidungsfreiheit betont werden, können schwierige Themen einfacher zur Sprache gebracht und geklärt werden.

Die üblichen Verdächtigen für gesundheitsgefährdendes Verhalten sind klar zu erkennen: Tabak- und Alkoholkonsum, Bewe-

**Abb. 3.3:** Arbeitsblatt „Themen sammeln"

gungsmangel, ungesunde Ernährung, falsche Medikamenteneinnahme, Übergewicht. Die leeren Blasen erlauben den Patienten, ihre eigenen, für sie relevanten Themen zu benennen und einzubringen.

Die Vorgehensweise orientiert sich an drei Fragen:

◢ In welchen Bereichen geht es Ihnen gut?
  – Reflektieren Sie die Aussagen der Person.
◢ In welchen Bereichen wünschen Sie eine Besserung?
  – Schreiben Sie bisher ungenannte Themen in die leeren Felder.
  – Reflektieren Sie wiederum die Aussagen der Person.
◢ Welche Bereiche möchten Sie etwas ausführlicher besprechen?
  – Reflektieren Sie die Ihrer ärztlichen Ansicht nach relevantesten Bereiche.

Hier ein ausführlicher Beispieldialog zum Einsatz des Arbeitsblatts:

A: *„Guten Tag Frau Hauser. Schön, dass Sie wieder pünktlich zur Vorsorgeuntersuchung erschienen sind. Das zeigt, dass Ihnen Ihre Gesundheit wirklich wichtig ist. Kompliment!"*

P: *„Na ja, die Untersuchung ist ja umsonst, und ich will ja keinen Krebs kriegen oder so was. Man hört ja immer so schlimme Sachen, gell?"*

A: *„Ja, da haben Sie vollkommen Recht. Krebserkrankungen sind wirklich dramatisch und einschneidend. Regelmäßige Vorsorgeuntersuchungen sind für die Früherkennung sehr hilfreich. Und es gibt mittlerweile sehr wirksame Behandlungsoptionen. Daher ist es wirklich tragisch, wenn Patienten diese hilfreichen Voruntersuchungen versäumen. Aber DAS ist ja bei Ihnen nicht der Fall."*

P: *„Ach, Doktor Breuer, Sie immer mit Ihren Komplimenten. Sie finden auch immer etwas Positives."*

A: *„Es ist wichtig, das Positive herauszuheben. Das macht es oft einfacher, das Notwendige zu tun. Frau Hauser, wäre es in Ordnung, wenn ich kurz etwas anspreche?"*

P: *„Natürlich."*

A: *„Um unsere Patienten besser beraten zu können, haben wir ein neues Arbeitsblatt eingeführt, das uns hilft, für die Patienten wichtige Bereiche zu identifizieren und anzusprechen. Das würde ich heute gerne mal mit Ihnen anschauen. Ist das für Sie okay?"*

P: „Das dauert aber doch nicht zu lange? Ich habe heute nicht soviel Zeit."

A: „Nein, nein. Wir schauen nur kurz drauf. Da brauchen Sie auch heute gar keine Entscheidungen zu treffen. Und wenn Sie denken, dass es heute gar nicht geht, liegt die Entscheidung ganz bei Ihnen. Aber bevor wir auf das Arbeitsblatt schauen, möchte ich zuerst erfahren, wie es Ihnen geht und ob Sie etwas Dringendes auf dem Herzen haben?"

P: „Mir geht es an sich richtig gut. Rückenschmerzen hab ich keine, ich geh regelmäßig mit dem Hund spazieren, na ja, vielleicht könnte ich ein paar Pfunde verlieren, aber da mach ich mir keinen Stress."

A: „Bei Ihnen ist alles im Lot."

P: „Ja eigentlich schon. Nur mit meinem Schwiegersohn. Das hab ich Ihnen ja schon öfter gesagt, Herr Doktor, gestern war meine Tochter wieder bei mir und hat geweint. Er trinkt halt, und wenn sie dann etwas sagt, wird er entweder pampig oder geht in die Kneipe oder zu seinen Kumpels, und dann kommt er erst recht sternhagelvoll nach Hause. Sie ist ganz verzweifelt. Und ich weiß auch nicht, was ich sagen soll."

A: „Das geht Ihnen ans Herz. Da wissen Sie gar nicht, wie Sie ihr helfen sollen."

P: „Ja genau. Mein Mann war ja leider auch so. Und das war gar nicht schön. Und jetzt hat sie auch so einen an der Backe. Der Franko ist ja sonst nett und behandelt sie auch gut. Aber wenn er trinkt, wird das ganz anders. Können Sie nicht mal mit ihm reden? Auf Sie wird er sicher hören."

A: „Da fühlen Sie sich hilflos. Es wäre Ihnen sehr recht, wenn jemand mit Ihrem Schwiegersohn reden würde, und er würde etwas an seinem Alkoholtrinken ändern."

P: „Ja genau. Sie verstehen genau, was ich meine. Können Sie nicht mal mit ihm reden?"

A: „Das wäre toll, wenn ich einmal mit ihm reden würde, und alles wird besser."

P: „Ach das wäre so schön. Aber so einfach ist das sicher nicht. Was soll ich nur tun? Könnten Sie denn mal mit meiner Tochter reden? Vielleicht fällt Ihnen beiden da was ein?"

A: „Ihre Tochter braucht sicher Hilfe, aber das fällt leider aus meinem Kompetenzbereich. Ich bin mir nicht sicher, ob ich der richtige Ansprechpartner bin. Darf ich Ihnen einen Rat geben?"

P: „Ja bitte, jeder Rat ist willkommen."

A: „Es gibt eine Beratungsstelle in der Lehener Straße. Ich habe gehört, die bieten ein neues Beratungsprogramm für Angehörige an, das *sehr wirksam sein soll. Vielleicht könnten Sie oder Ihre Tochter sich dort einmal informieren."*

P: *„Vielen Dank Herr Doktor, ich werde es meiner Tochter sagen."*

A: *„Schön, sagen Sie Ihrer Tochter Bescheid, und ich hoffe, die können ihr dort weiterhelfen. Frau Hauser, wir wollten heute ja einmal kurz auf dieses neue Arbeitsblatt schauen. Wäre es in Ordnung, wenn wir das jetzt tun würden?"*

P: *„ Ach ja, Herr Doktor, das hatten Sie ja gleich zu Anfang gesagt. Und hier verschwende ich Ihre Zeit mit meinen Familienproblemen. Entschuldigung!"*

A: *„Frau Hauser, da brauchen Sie sich nicht zu entschuldigen. Ich hatte Sie ja gefragt, was Ihnen am Herzen liegt, und eine solche Problematik kann ja auf das Wohlbefinden negativ beeinflussen. Das passt aber auch zu diesem Arbeitsblatt. Darf ich es Ihnen mal zeigen?"*

P: *„Nur zu."*

A: *„In Ordnung. Schauen Sie hier. Auf dem Blatt sehen Sie Themen, die für die Gesundheit der meisten Menschen von Bedeutung sind. Und wir haben hier einige leere Blasen, wo wir die Themen, die besonders für Sie von Bedeutung sind, eintragen können. Dann können wir gemeinsam entscheiden, für welche Themen Gesprächs- beziehungsweise Handlungsbedarf besteht. Was halten Sie davon?"*

P: *„Ja, das Blatt sieht ganz gut aus. Mmm, aber mit Diabetes hab ich ja nichts am Hut, gell?"*

A: *„Da haben Sie Recht. Diabetes ist für Sie kein Problem. Man kann dieses Bild auch ein wenig weiter fassen, sodass es Medikamenteneinnahme im Allgemeinen anspricht. Zum Beispiel nehmen Sie doch dieses Medikament, um Ihren Cholesterinspiegel zu reduzieren. Wie geht es denn da mit der Einnahme?"*

P: *„Doch, da bin ich sehr gewissenhaft. Der Einnahmeplan, den mir Ihre Sprechstundenhilfe damals gegeben hat, der hängt immer noch an meinem Kühlschrank, und das hat wirklich geholfen."*

A: *„Das freut mich zu hören. Da gibt es keine Probleme. Da ist kein Gesprächsbedarf."*

P: *„Nein, das flutscht. Und mit dem Hund gehe ich regelmäßig Gassi, hab ich ja schon gesagt. Haben Sie das Bild mit dem Hund wegen mir auf das Blatt gemacht?"*

A: *„Ha, auf den Gedanken könnte man wohl kommen. Leider muss ich Ihnen gestehen, das war nicht meine Idee, die Arbeitsblätter kamen so. Aber das soll wohl auch zeigen, dass so ein Hund vielen Leuten hilft, sich regelmäßig zu bewegen."*

P: *„Ja, da haben Sie Recht. Und der Pukki ist ja auch so ein lieber. Gerade letztens hat er ja wieder so etwas Drolliges gemacht. Meine Nachbarin, die Frau Engler, hatte ihren Schmusi an der Leine, und wir sind zusammen los, und da kam so eine junge rausgeputzte Göre mit einem Fufuhund, und dann ist der Pukki …"*

A: *„Ja, mit Hunden kann man so einiges erleben. Frau Hauser, wir wollten uns ja einmal dieses Blatt anschauen. Gibt es denn da noch andere Bereiche, für die es Gesprächsbedarf gibt?"*

P: *„Da ist natürlich die Sache mit meiner Tochter und ihrem Mann. Das belastet mich schon sehr. Wenn er nur auf sie hören würde. Er ist doch an sich gar nicht so ein schlechter Kerl. Aber die Trinkerei. Neulich wieder, da ist er doch glatt …"*

A: *„Die Sache mit Ihrer Tochter und deren Ehemann belastet Sie schon sehr. Warum schreiben wir das nicht in eine dieser leeren Blasen, und dann können wir zu angemessener Zeit darauf zurückkommen?"*

P: *„Das ist eine gute Idee, Herr Doktor."*

A: *„Gibt es sonst noch Bereiche, wo Gesprächsbedarf besteht?"*

P: *„Da fällt mir jetzt nichts ein."*

A: *„Wie sieht es denn mit der Ernährung aus?"*

P: *„Och, das ist alles in Butter oder besser gesagt in Olivenöl. Butter nehm ich nur noch ab und zu. Manche Dinge schmecken halt doch besser mit guter Butter. Aber Gemüse und Salat mache ich nur noch mit Olivenöl an. Das soll ja so gesund sein. Das schreiben die ja auch immer in der Apotheken-Rundschau und den Zeitschriften, und der nette junge Mann, der da immer im Fernsehen kocht, der ist ja auch ganz begeistert davon. Ich esse jetzt auch immer schön bunt, wegen dieser Pflanzendingsbumsstoffe, die ja so gut sind. Anti aging oder so was, sagen und schreiben die immer, und auch die Senta Berger, die sieht ja noch immer soooo gut aus …"*

A: *„Also was die Ernährung angeht, da sind Sie ganz auf Gesundheit eingestellt."*

P: *„Genau!"*

A: *„Sonst noch etwas?"*

P: *„Na ja, ab und zu hab ich diese Kreuzschmerzen. Neulich wieder war es so richtig schlimm. Aber da hatte meine Tochter noch so Schmerzmittel, die waren richtig gut. Die Schmerzen waren gleich weg."*

A: *„Neulich hatten Sie wieder Rückenschmerzen, die waren so schlimm, da haben Sie Medikamente von Ihrer Tochter genommen, und dann waren die Schmerzen weg."*

P: *„Ja, die haben echt geholfen."*

A: *„Liebe Frau Hauser, wenn ich mir anhöre, was Sie da sagen, dann kommen mir doch einige Bedenken. Wäre es in Ordnung, wenn ich Ihnen diese Bedenken mitteile?"*

P: *„Ihnen kommen Bedenken? Hab ich da was falsch gemacht? Aber die Tabletten haben doch geholfen. Und es ist gar nichts Schlimmes passiert."*

A: *„Ja Frau Hauser, darüber hatten wir ja schon einmal gesprochen. Medikamente ohne ärztlichen Rat zu nehmen, kann unter Umständen lebensbedrohlich sein."*

P: *„Ja, aber es ist doch nichts passiert!"*

A: *„Glücklicherweise. Ich muss Ihnen aber ganz ehrlich sagen, das kann sehr schnell ins Auge gehen. Und dann ist es oft zu spät."*

P: *„Jetzt machen Sie mir aber richtig Angst, Herr Doktor. So schlimm kann es doch nicht sein. Das sind doch Medikamente. Meine Tochter hat sie ja auch vom Arzt bekommen. Und die haben ja auch geholfen."*

A: *„Das ist für Sie verwunderlich, dass ich so viel Aufhebens darüber mache. Es waren ja schließlich Medikamente, und Ihre Tochter hat sie ja auch von ihrem Arzt bekommen, und sie haben geholfen."*

P: *„Ja genau. Sie sagen es selbst."*

A: *„Frau Hauser, ich muss Ihnen sagen, das sehe ich als eine gravierende Sache. Da sollten wir einmal ganz ausführlich drüber reden. Ich schreibe das mal in diese Blase. Ist das okay?"*

P: *„Wenn Sie meinen …"*

A: *„Ja Frau Hauser, das halte ich für sehr wichtig. Leider kommt es recht häufig vor, dass Patienten, wenn es zur Einnahme von Medikamenten kommt, Schwierigkeiten haben, sich an die Anweisungen der Ärzte und Apotheker zu halten. Es ist doch nur so ein kleines Pillchen … Aber diese kleinen Pillen haben oft ganz starke Wirkstoffe, die man nicht kombinieren darf. Wie schon gesagt, wir sollten das bei unserem nächsten Termin ausführlicher besprechen. Wären Sie damit einverstanden?"*

P: *„Wenn Sie meinen. Sie scheinen das ja für sehr wichtig zu halten."*

A: *„Ja genau. Ihre Gesundheit ist mir sehr wichtig! Würden Sie mir bitte versprechen, keine anderen Medikamente mehr einzunehmen bis zu unserem nächsten Termin?"*

P: *„Ja in Ordnung. Aber was soll ich denn machen, wenn ich wieder so starke Schmerzen habe?"*

A: *„Dann rufen Sie bitte sofort hier in der Praxis an, und wir werden einen Weg finden, Ihnen zu helfen. Können Sie sich darauf einlassen?"*

P: *„In Ordnung, ich werde es versuchen."*

A: *„Na Frau Hauser. Versuchen? Da möchte ich doch noch einmal nachfragen. Versprechen Sie mir, bis zu unserem nächsten Termin keine anderen Medikamente einzunehmen außer denen, die wir hier besprochen haben?"*

P: *„Herr Doktor, Sie sind ja hartnäckig. Ja, ich verspreche es."*

A: *„Frau Hauser, vielen Dank. Ich hoffe, Sie können verstehen, dass meine Hartnäckigkeit in dieser Sache damit zusammenhängt, dass mir Ihre Gesundheit sehr wichtig ist und dass ich mich bemühe, Ihnen die beste ärztliche Versorgung zukommen zu lassen. Ich hoffe, Sie nehmen mir das nicht übel?"*

P: *„Nein, nein Herr Doktor, ich weiß ja, Sie wollen nur mein Bestes."*

A: *„Genau. Gibt es sonst noch etwas? Sonst würde ich gerne einmal zusammenfassen, was wir heute besprochen haben."*

P: *„Nein, ich hab sonst nichts."*

In diesem ausführlichen Gesprächsbeispiel haben wir versucht, eine Situation nachzustellen, die möglichst viele Vorkommnisse des Praxisalltags bündelt. Die geduldige Art des Arztes, auf die Belange der Patientin einzugehen, mag unrealistisch und zeitraubend erscheinen, Untersuchungen zeigen jedoch, dass diese Investition von Zeit zu einer effizienteren Patientenführung beitragen kann.

Konnten Sie die direktiven, zielorientierten MI-Techniken erkennen?

## Übung 12: Themen sammeln

Übung in kollegialer Zweier- oder Dreiergruppe (mit Beobachter/in):

◢ Entwickeln Sie ein Szenario beziehungsweise nehmen Sie eine konkrete Person aus Ihrer Praxis als Grundlage, und üben Sie den Einsatz dieses Arbeitsblatts im Rollenspiel.

◢ Nehmen Sie für den Anfang eine einfache Situation und eine kooperative Person.

◢ Steigern Sie in Folge den Schwierigkeitsgrad.

### 3.2.3 Entscheidungswaage

Dieses Arbeitsblatt soll den Patienten helfen, ihre Ambivalenz in Richtung einer Verhaltensänderung aufzulösen. Dies geschieht durch eine Auflistung, Betrachtung und Abwägung der Punkte, die sowohl gegen als auch für eine Veränderung sprechen. Patienten befassen sich natürlich meist von allein mit diesen Argumenten. Oft ist jedoch zu beobachten, dass sie sich in den Argumenten verlieren und zwischen dem Für und Wider hin- und herpendeln – fast schon wie die Kugel im Flipperautomaten.

Die Patienten können zu keiner klaren Lösung finden und geben frustriert auf.

**Kurzzeit-gedächtnis** Diese Situation ist durch die funktionellen Eigenschaften unserer Denk- und Entscheidungsprozesse gut erklärbar. Unsere kognitiven Prozesse werden dadurch beeinflusst, dass unser Kurzzeitgedächtnis, manchmal auch als Arbeitsspeicher bezeichnet, in seiner Kapazität begrenzt ist und nur eine geringe Zahl von Elementen gleichzeitig enthalten kann. Seit Untersuchungen des amerikanischen Psychologen George A. Miller Mitte der Fünfzigerjahre wird immer von der Zahl 7 ± 2 gesprochen. Neuere Untersuchungen in den USA deuten allerdings darauf hin, dass dieser Umfang eher in der Größenordnung 3–4 liegt. Obwohl es die von Miller sogenannte Chunking-Technik gibt, dieses Manko in einem gewissen Maße zu überwinden, sind die meisten Menschen nicht darin geschult, diese Technik gekonnt anzuwenden.

Hier kann das Arbeitsblatt „Entscheidungswaage" den Patient(inn)en helfen. Alle Argumente für und wider können strukturiert aufgeschrieben und abgewägt werden. Keine werden übersehen oder vergessen. Die Denk- und Entscheidungsprozesse werden nicht von dem nagenden Gefühl, etwas vergessen zu haben, gestört, und Aufmerksamkeit und Konzentration werden nicht beeinträchtigt.

Das einfache und übersichtliche Vier-Felder-Schema erlaubt eine ausführliche Auflistung der relevanten Argumente. Es ist sehr selten, dass Patienten mit dem vorhandenen Raum nicht auskommen. Es ist viel häufiger der Fall, dass sie durch geduldiges Nachfragen und Reflektieren animiert werden müssen, drei, vier oder fünf Punkte für jedes Feld zu finden. Oft ist es sogar der Fall, dass anfangs keine Gründe für ein Beibehalten des Status quo beziehungsweise „was spricht gegen eine Veränderung" ge-

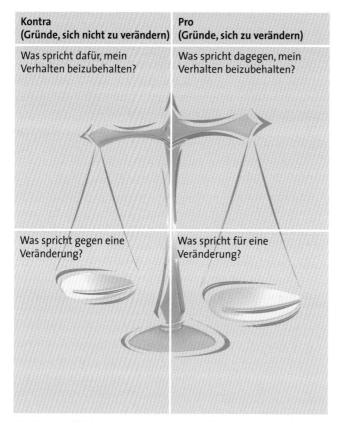

| Kontra<br>(Gründe, sich nicht zu verändern)<br><br>Was spricht dafür, mein<br>Verhalten beizubehalten? | Pro<br>(Gründe, sich zu verändern)<br><br>Was spricht dagegen, mein<br>Verhalten beizubehalten? |
|---|---|
| Was spricht gegen eine<br>Veränderung? | Was spricht für eine<br>Veränderung? |

**Abb. 3.4:** Arbeitsblatt „Entscheidungswaage"

nannt werden. Hier sollte der Behandelnde nicht zu schnell klein beigeben, sondern geduldig reflektieren und nach Argumenten fragen. Sie können gegebenenfalls die anderen Felder bearbeiten und später zu den spärlicher besetzten zurückkehren.

Hier wieder ein Beispieldialog, um das Vorgehen zu demonstrieren:

A: *„Hallo Frau Seiffert, schön Sie zu sehen. Wir hatten ja heute den Termin ausgemacht, um die Schutzimpfung für Timmi durchzuführen. Wo ist Timmi denn?"*

P: *„Hallo Frau Doktor. Timmi ist nicht mitgekommen. Ihm geht es nicht gut. Ich muss aber auch sagen, dass ich mir wegen der Schutzimpfung nicht sicher bin. Ich habe da Sachen gelesen, die haben mir richtig Angst gemacht."*

A: „Angst gemacht? Da bin ich aber erstaunt. Wir hatten das Thema doch ausführlich besprochen. Ich dachte, wir hätten Ihre Bedenken
aufgelöst?"

P: „Ja, Sie haben sich beim letzten Mal viel Zeit genommen, mir
die Sache zu erklären. Und ich war auch ganz beruhigt. Aber dann
kam meine Freundin Marlies vorbei, und sie hat mir von einer Websei-
te erzählt, und ich hab die dann angeschaut und habe das Grauen gekriegt. Da können ja ganz furchtbare Dinge geschehen. Stimmt das
denn?"

A: „Liebe Frau Seiffert, ich sehe, dass Sie ganz betroffen sind. Was
Sie da gesehen haben, hat Ihnen wirklich Angst gemacht."

P: „Ja ganz schreckliche Sachen, Dass halt viele Kinder an den
Impfungen sterben oder so krank werden, dass sie dann ihr ganzes Leben behindert sind. Und dass die Schutzimpfungen überhaupt nicht
mehr notwendig sind, dass es nur ums Geld geht."

A: „Da hat man Ihnen richtig Angst gemacht."

P: „Ich würde mir nie verzeihen, wenn Timmi so etwas geschehen
würde. Das kann ich nicht zulassen."

A: „Es ist Ihnen sehr wichtig, dass Timmi nichts Schlimmes passiert."

P: „Ich bin da ganz verzweifelt. Ich weiß ja auch, dass Sie Timmi
immer gut behandelt haben. Aber wenn ich denke, was da passieren
könnte, dann wird mir angst und bange."

A: „Ehrlich gesagt Frau Seiffert, das kann ich gut verstehen. Wenn
man diese Seiten liest, wird einem schnell angst und bange. Was da
teilweise berichtet wird, ist ja auch wirklich tragisch."

P: „Sehen Sie, jetzt sagen Sie es auch. Muss das denn mit der
Schutzimpfung sein, können wir nicht darauf verzichten?"

A: „Wenn wir einfach darauf verzichten könnten, würde das die
Sache für Sie leichter machen."

P: „Ich bin froh, dass Sie die Sache auch so sehen."

A: „Frau Seiffert, Sie sind da wirklich unter Druck. Der Gedanke,
dass Timmi eine negative Reaktion auf die Schutzimpfung haben und
zu Schaden kommen könnte, macht Ihnen ganz arg zu schaffen. Das
kann ich sehr gut verstehen. Andererseits sind die Schutzimpfungen gerade dafür da, um ganz schlimme Krankheiten zu verhindern. Da
scheint es einen Widerspruch zu geben. Ich habe hier ein Arbeitsblatt,
das schon vielen Patientinnen geholfen hat, diese Widerspruchssitua-
tion zu klären. Wären Sie bereit, das einmal mit mir durchzugehen?"

P: *„Ich weiß nicht Frau Doktor. Ich habe heute nicht viel Zeit. Und Timmi ist zu Hause alleine, und ich muss bald zurück. Und ich würde die Sache lieber ganz vergessen."*

A: *„Sie hätten am liebsten Ihren Frieden und wünschten sich, dass sich dieses Problem einfach in Luft auflöst. Das kann ich sehr gut verstehen. Es wird nicht lange dauern, maximal 5–10 Minuten, und ich werde Sie nicht drängen, eine Entscheidung zu treffen. Natürlich liegt die Entscheidung ganz bei Ihnen. Ich kann mir aber gut vorstellen, dass Sie danach mehr Ruhe über diese Sache haben. Was meinen Sie, wollen wir das machen?"*

P: *„Na ja, erklären Sie mir mal, worum es da geht, und dann kann ich ja immer noch nein sagen."*

A: *„Das stimmt, die Entscheidung liegt ganz bei Ihnen."*

P: *„Na dann legen Sie mal los."*

A: *„Wir nennen dieses Blatt die Entscheidungswaage, weil es helfen kann, Sachverhalte abzuwägen, das Für und Wider zu erörtern und eine passende Entscheidung zu treffen. Sie sehen hier vier Felder: Was spricht dafür, die Dinge so zu lassen, wie sie jetzt sind? Was könnten die Gefahren sein, wenn wir nichts unternehmen? Was spricht gegen eine Schutzimpfung? Und hier: Was spricht für eine Schutzimpfung? Wollen wir diese Punkte einfach einmal durchgehen und aufschreiben, was Ihnen dazu einfällt?"*

P: *„Das sieht aber kompliziert aus, Frau Doktor."*

A: *„Auf den ersten Blick ist es etwas verwirrend. Aber keine Angst, wir machen das zusammen. Wollen wir loslegen?"*

P: *„In Ordnung. Wie machen wir das denn?"*

A: *„Fangen wir doch einfach hier an: Was spricht dafür, die Dinge so zu lassen, wie sie jetzt sind?"*

Wieder ist auffällig, wie viel Zeit die Ärztin damit verbringt, die Patientin dort abzuholen, wo sie ist. Untersuchungen in Großbritannien haben gezeigt, dass sich diese Investition in Gesprächszeit wirklich auszahlt. Es bedeutet zwar, dass man das eigentliche Thema erst mit Verzögerung besprechen kann, aber es hat sich gezeigt, dass sich die Personen – wenn es dann zur Entscheidungsphase im Gespräch kommt – viel schneller und reibungsloser auf einen Behandlungsplan einlassen. Es sei hier auch an das 6. Gebot: Eile mit Weile! erinnert.

**Übung 13: Entscheidungswaage**

Übung in kollegialer Zweier- oder Dreiergruppe (mit Beobachter/in):

◢ Entwickeln Sie auch hier wieder ein Szenario beziehungsweise nehmen Sie eine konkrete Person aus Ihrer Praxis als Grundlage.

◢ Üben Sie den Einsatz dieses Arbeitsblatts im Rollenspiel.

◢ Nehmen Sie für den Anfang eine einfache Situation und eine kooperative Person.

◢ Steigern Sie in Folge den Schwierigkeitsgrad.

### 3.2.4 Selbsteinschätzung

Ist eine Entscheidung für eine Verhaltensänderung gefallen, dient dieses Arbeitsblatt zur Einschätzung der Motivation, diese auch tatsächlich umzusetzen. Hierzu bewertet die Patientin drei Aspekte der Motivation (Wichtigkeit, Zuversicht und Bereitschaft) jeweils auf einer Skala von 0–10 (0 = gar nicht, 10 = extrem).

Dieses Vorgehen hat sich als sehr hilfreich erwiesen, da es einerseits unbewusste oder unausgesprochene Hindernisse aufdecken kann und andererseits konkrete und für die Patientin relevante Messpunkte beziehungsweise Etappenziele identifiziert, die zu einer Steigerung der Motivation und Selbstwirksamkeitserwartung beitragen können.

Es hat sich gezeigt, dass bei einer Einschätzung von ≤ 5 zusätzliche Aufbauarbeit notwendig ist.

Auch Bewertungen von ≥ 9 sollten genauer erörtert werden.

Die Vorgehensweise folgt dabei immer dem gleichen Schema:

◢ *„Auf einer Skala von null bis zehn, wie wichtig ist Ihnen diese Veränderung?"* (mehr Sport zu treiben, weniger zu rauchen, keinen Alkohol zu trinken, die Ernährung zu ändern etc.)

◢ *„Sie haben x angegeben. Warum x und nicht null?"*

**Eile mit Weile!** Diese Frage wird die Patientin animieren, für sie relevante Gründe für ihre Einschätzung auszusprechen. Durch Reflektieren werden Sie diese Gründe nochmals betonen und verstärken. Fragen

**Das Wollen – Motivationsaspekt Absicht (Intention):**
Einschätzung der **Wichtigkeit**

*„Auf einer Skala von null bis zehn, wie wichtig ist Ihnen diese Veränderung?"*

| 0 | 1 | 2 | 3 | 4 | 5 | 6 | 7 | 8 | 9 | 10 |
|---|---|---|---|---|---|---|---|---|---|----|
| überhaupt nicht wichtig | | igendwie wichtig | | ziemlich wichtig | | wichtig | | sehr wichtig | | extrem wichtig |

**Das Können – Motivationsaspekt Fähigkeit (Selbstwirksamkeitserwartung):**
Einschätzung der **Zuversicht**

*„Auf einer Skala von null bis zehn, wie zuversichtlich sind Sie, dass Sie diese Veränderung erfolgreich umsetzen können?"*

| 0 | 1 | 2 | 3 | 4 | 5 | 6 | 7 | 8 | 9 | 10 |
|---|---|---|---|---|---|---|---|---|---|----|
| überhaupt nicht wichtig | | igendwie wichtig | | ziemlich wichtig | | wichtig | | sehr wichtig | | extrem wichtig |

**Die Umstände – Motivationsaspekt zeit- und situationsabhängige Bereitschaft:**
Einschätzung der aktuellen **Bereitschaft**

*„Auf einer Skala von null bis zehn, wie bereit sind Sie, diese Veränderung jetzt umzusetzen?"*

| 0 | 1 | 2 | 3 | 4 | 5 | 6 | 7 | 8 | 9 | 10 |
|---|---|---|---|---|---|---|---|---|---|----|
| überhaupt nicht wichtig | | igendwie wichtig | | ziemlich wichtig | | wichtig | | sehr wichtig | | extrem wichtig |

**Abb. 3.5:** Arbeitsblatt „Selbsteinschätzung"

Sie dann nach weiteren Gründen. Hier kommt das 6. Gebot „Eile mit Weile" besonders zum Tragen.

In unserer Erfahrung neigen Berater gerade hier dazu, zu schnell vorwärts zu gehen. Erlauben Sie sich und Ihrer Patientin, *alle* Gründe und Aspekte auszusprechen und zu beleuchten. Dies wird Ihnen besonders dann zu Hilfe kommen, wenn sich im Verlauf der Umsetzung der Verhaltensänderung die Motivation schwächen sollte, zum Beispiel durch langsameren Erfolg als erwartet oder Rückfall in alte Verhaltensmuster. Es kann durchaus geschehen, dass die Patientin im Verlauf dieser Erörterung ihre Einschätzung verändert (meist in die positive Richtung).

Sind alle Gründe genannt und die Bewertung immer noch ≤ 5, sollte gefragt werden:

◢ *„Was wäre notwendig, um Sie von x auf x+(zwei oder drei) zu bringen?"*

**Umformulieren**　In den meisten Fällen werden als Antwort nun die Sachverhalte zur Sprache gebracht, die für die Patientin Zweifel an der Umsetzbarkeit ihrer Entscheidung zur Verhaltensänderung darstellen. Diese Sachverhalte können von Ihnen dann als Etappenziele so umformuliert werden, dass sie zu konkreten und für die Patientin persönlich relevanten Erfolgskriterien werden (s. u. Dialogbeispiel).

Eine nicht ungewöhnliche Antwort auf die obige Frage ist:

◢ *„Keine Ahnung"*

**Wunderfrage**　In diesem Falle ist es sehr hilfreich, die aus der lösungsorientierten Psychotherapie von Steven de Shazer und Insoo Kim Berg bekannte „Wunderfrage" zu stellen:

◢ *„Nehmen Sie an, über Nacht ist ein Wunder geschehen und Sie sind nun bei x+(zwei oder drei). Woran würden Sie das merken?"*

Diese Umformulierung genügt meist, um die Ideenquelle zum Sprudeln zu bringen. Bei den Antworten handelt es sich meist um für diese Person relevante Ziele oder Zustände, deren Erreichen klare Erfolgskriterien darstellen.

Lassen Sie sich nicht von Zögern oder scheinbarer Einfallslosigkeit Ihres Gegenübers entmutigen. Wären Sie in der Lage, die nun ablaufenden Hirnaktivitäten zu sehen, wie zum Beispiel in einem funktionellen Kernspintomografen, wären Sie zweifellos verwundert über das Ausmaß der aktivierten Gehirnareale. Hier werden neue und für den Erfolg relevante Verknüpfungen geschaffen.

Fassen Sie die relevanten Aussagen noch einmal umfassend zusammen, bevor Sie zur nächsten Skala weitergehen.

Obwohl es extrem selten ist, kann es vorkommen, dass eine Person nicht in der Lage ist, zu diesen Fragen Antworten zu finden. In diesem Fall ist es sinnvoll, die Patientin zu entlasten und zur nächsten Skala überzugehen.

◢ *„Ich sehe, es fällt Ihnen gerade schwer, da konkrete Antworten zu finden. Das ist ganz verständlich. Es handelt sich ja hier auch um etwas ganz ungewohnt Neues. Wäre es für Sie in Ordnung, wenn* *wir das jetzt erst einmal im Raum stehen lassen und uns die nächste Frage anschauen? Vielleicht hilft das dann ja auch, Antworten auf diese Frage zu finden? Was meinen Sie?"*

Denken Sie bitte daran, die Antwort zu reflektieren, bevor Sie zur nächsten Frage übergehen!

Das Schema wiederholt sich nun für die nächsten beiden Fragen:

▲ *„Auf einer Skala von null bis zehn, wie zuversichtlich sind Sie, dass Sie diese Veränderung erfolgreich umsetzen können?"*

▲ *„Auf einer Skala von null bis zehn, wie bereit sind Sie, diese Veränderung jetzt umzusetzen?"*

Lassen Sie uns nun diese Vorgehensweise wieder an einem Beispieldialog demonstrieren:

A: *„Herr Huber, Sie haben sich also entschlossen, etwas gegen Ihren erhöhten Blutdruck zu unternehmen. Das ist sehr lobenswert. Das wird sich für Ihre Gesundheit ganz gewiss auszahlen."*

P: *„Ja, Frau Doktor, das pack ich an!"*

A: *„Herr Huber, ich habe hier ein Arbeitsblatt. Das würde ich mir gerne mal mit Ihnen ansehen. Ist das in Ordnung?"*

P: *„Frau Doktor, ich muss schon sagen, Sie haben es wirklich mit diesen Arbeitsblättern!"*

A: *„Das stimmt, Herr Huber. Ich habe festgestellt, dass diese Arbeitsblätter für meine Patienten sehr hilfreich sind und wende sie nun dauernd an."*

P: *„Na, dann zeigen Sie mir mal das Blatt."*

A: *„Schauen Sie, hier sind drei Skalen, jeweils von null bis zehn. Einmal geht es um Wichtigkeit, dann um Zuversicht und dann um Bereitschaft. Also ich frage Sie jetzt einmal: Wie wichtig ist es für Sie, auf einer Skala von null bis zehn, null bedeutet überhaupt nicht wichtig und zehn bedeutet oberste Priorität, Ihren Blutdruck zu reduzieren?"*

P: *„Mmm, gute Frage … Ich weiß gar nicht so genau, was ich da sagen soll."*

A: *„Das ist gar nicht so einfach."*

P: *„Ja, es ist schon wichtig. Das haben Sie mir ja ausführlich erklärt. Aber ich spür ja an sich gar nichts. Also irgendwie ist das nicht so klar."*

A: *„Da können Sie so direkt keinen Wert angeben. Wenn Sie ganz einfach und spontan antworten, so ganz aus dem Bauch heraus: Wie wichtig ist es Ihnen, den Blutdruck zu reduzieren?"*

P: *„So ganz spontan … 'ne Drei oder 'ne Vier vielleicht."*

A: *„So etwa eine Drei oder eine Vier."*

P: *„Ja, so fühlt sich das an."*

A: *„Warum eine Drei oder eine Vier, warum nicht eine Null?"*

P: *„ 'Ne Null? Nein, eine Null kann es nicht sein. Also das habe ich ja schon verstanden, dass der hohe Blutdruck gefährlich für mein Herz ist und auch zu einem Schlaganfall oder Nierenversagen führen kann. Nee, nee, das ist schon 'ne Drei oder Vier."*

A: *„Also davon sind Sie schon überzeugt, dass der hohe Blutdruck die Gefahr von Herzkrankheit, Schlaganfall und Nierenversagen beträchtlich erhöhen kann. Gibt es sonst noch Gründe, warum eine Drei beziehungsweise Vier und nicht eine Null?"*

P: *„Mein Vater ist ja auch an einem Herzanfall gestorben. Da war er erst 55. Ganz plötzlich. Das war ein großer Schock für die ganze Familie. Meine Mutter und mein Bruder haben sich nie so richtig davon erholt. Die haben sich immer Vorwürfe gemacht. Und meine Mutter musste dann auch putzen gehen, um die Familie durchzubringen. Das war hart."*

A: *„Sie haben ganz persönlich erlebt, wie plötzlich ein Herzversagen das Leben einer ganzen Familie total verändern kann. Das war sicher sehr hart."*

P: *„Ich war damals ja erst zwölf Jahre alt, aber das war schon einschneidend. Ich habe das immer vermisst, mit meinem Vater Sachen zu unternehmen. Deshalb ist es mir auch wichtig, mit meinen Kindern viel zu unternehmen."*

A: *„Für Ihre Kinder als Vater präsent zu sein, ist Ihnen sehr wichtig."*

P: *„Ja schon. Und auch meiner Frau so etwas zu ersparen, was meine Mutter mitgemacht hat."*

A: *„Sich um Ihre Familie zu sorgen und verantwortungsvoll zu handeln, gehört zu Ihrem Selbstbild."*

P: *„Ja, das ist mir wichtig."*

A: *„Also auf Ihre Gesundheit zu achten und für Ihre Familie zu sorgen, sind wichtige Punkte. Gibt es sonst noch Gründe, warum eine Drei bis Vier und nicht eine Null?"*

P: *„Nein, nicht wirklich. Mir fällt da nichts mehr ein."*

A: *„Also Sie wissen, dass Bluthochdruck das Herz und die Nieren schädigen kann und dass es mit hohem Blutdruck auch häufiger zu einem Schlaganfall kommen kann. Sie haben erlebt, wie plötzlich ein Herzversagen auftreten kann und welche tragischen Auswirkungen das* nicht nur für den Betroffenen, sondern auch für seine Familie haben kann. Es ist Ihnen wichtig, ein guter Vater und Ehemann zu sein und die Zeit mit Ihren Liebsten zu genießen. Deshalb ist es schon eine Drei bis Vier, was die Wichtigkeit angeht, Ihren Blutdruck zu senken. Hab ich da was vergessen?"

P: „Nein, das ist schon richtig so."

A: „Wenn Sie jetzt mal überlegen ... Was wäre nötig, um Sie von einer Drei bis Vier auf eine Sechs zu bringen?"

P: „Mmm, auf eine Sechs. Das kann ich gar nicht sagen. Da fällt mir nichts ein."

A: „Da sind Sie erst mal ganz baff."

P: „Dazu fällt mir echt nichts ein."

A: „Das ist gar nicht so ungewöhnlich. Das höre ich öfter schon mal."

Kurze Bedenkpause

P: „Nee, da fällt mir echt nichts ein."

A: „Okay. Stellen Sie sich doch einmal vor, über Nacht ist ein Wunder geschehen. Sie sind jetzt auf der Sechs, was die Wichtigkeit, etwas zu ändern, angeht. Woran würden Sie das merken?"

P: „Mmm, na ja, so gesagt, denke ich, wenn meine Frau und Kinder was sagen würden, dann wäre das noch einmal wichtiger. Ganz sicher. Und wenn ich was merken würde."

A: „Okay, wenn Sie klare Zeichen von Auswirkungen des hohen Blutdrucks spüren würden und wenn Ihre Familie mit Ihnen über den Blutdruck reden würde, würde das die Wichtigkeit erhöhen. Gibt es sonst noch Zeichen, an denen Sie merken würden, Sie sind bei einer Sechs angelangt?"

P: „Nee, sonst fällt mir nichts ein."

A: „So, da haben wir aber einige klare Angaben. Was die Wichtigkeit angeht, etwas an Ihrem hohen Blutdruck zu ändern, sind Sie jetzt schon ganz klar bei einer Drei bis Vier. Sie wollen gesund bleiben für Ihre Familie und ihnen die negativen Auswirkungen ersparen, die sich aus einem dauerhaft erhöhten Blutdruck entwickeln können. Gefahren wie Niereninsuffizienz, Schlaganfall und Herzversagen sind Ihnen bekannt und stellen einen Grund dar, etwas zu unternehmen. Und wenn Ihre Familie Sie in dieser Sache unterstützen würde, dann würde das die Wichtigkeit auch merklich erhöhen. Ist das so richtig?"

P: „Ja, das stimmt."

A: „So Herr Huber, ist es okay, wenn wir zur zweiten Skala übergehen, der Zuversichtsskala? Wie zuversichtlich sind Sie, auf einer Skala *von null bis zehn, dass Sie diese Veränderung umsetzen können? Null ist ganz unzuversichtlich, und zehn bedeutet so sicher wie das Amen in der Kirche."*

P: *„Ehrlich gesagt, da sieht es eher duster aus. Da bin ich höchstens bei einer Zwei."*

A: *„Das kam jetzt aber schnell. Was die Zuversicht angeht, da sind Sie bei einer Zwei. Warum eine Zwei und nicht bei null?"*

P: *„Wenn ich bei null wäre, hieße das ja, dass ich absolut hoffnungslos wäre. Aber so ist das nicht. Dafür ist die Sache zu wichtig. Und meine Familie wird mir da auch helfen, da bin ich mir sicher. Aber ob ich das schaffe mit all den Dingen, die ich ändern muss. Da bin ich mir gar nicht sicher, dass das gehen wird."*

A: *„Also bei null sind Sie auf keinen Fall. Dafür ist die Angelegenheit viel zu wichtig. Und Ihre Familie wird Sie auch bei den nötigen Veränderungen unterstützen. Aber was Sie da alles ändern müssen, erscheint Ihnen doch überwältigend."*

P: *„Ja Frau Doktor, ob ich das schaffen kann, da kommen mir echt Zweifel. Mehr Sport, kein Salz mehr, auf Kuchen und Soßen verzichten, und auf Haxen, keine Zigaretten mehr, kein Bierchen mehr … Wo bleibt denn da noch die Lebensfreude? Nee, das ist doch zuviel. Das kann keiner schaffen."*

A: *„Da wird Ihnen wirklich zu viel zugemutet. So viel kann man gar nicht ändern. Da bleibt einem gar nichts mehr."*

P: *„Ja, genau so fühlt sich das an."*

A: *„Und obwohl das so überwältigend ausschaut, sind Sie doch bei einer Zwei und nicht bei einer Null. Sie wissen, dass Sie auf die Unterstützung Ihrer Familie zählen können, und den Blutdruck zu senken, ist für Sie eine wichtige Sache. Gibt es sonst noch Gründe, warum eine Zwei und nicht eine Null?"*

P: *„Das Einzige, was mir dazu einfällt, ist die Sache mit dem Rauchen. Ich hab ja schon einmal für 15 Jahre mit dem Rauchen aufgehört. Das war am Anfang sehr schwierig, aber dann nach einiger Zeit ging es ganz gut, und ich habe es auch gar nicht vermisst. Aber dann habe ich wieder damit angefangen, und alle Versuche, wieder aufzuhören, sind gescheitert. Das macht mir gar keinen Mut."*

A: *„Verstehe ich das so richtig: Sie sind bei einer Zwei und nicht bei einer Null, weil Sie das Rauchen schon einmal für 15 Jahre aufgegeben haben?"*

P: *„Ja, das stimmt schon. Wenn ich immer noch Nichtraucher wäre, dann wäre ich sicher bei einer Fünf."*

A: „Ich sehe, Sie haben meine nächste Frage schon beantwortet, bevor ich sie gestellt habe, Sie Schlaumeier. Um von einer Zwei auf eine Fünf zu kommen, wäre es hilfreich, wenn Sie wieder aktiver Nichtraucher wären."

P: „Ja, so könnte man das auch ausdrücken."

A: „Also wenn Sie wieder aktiv Nichtraucher sind, wären Sie bei einer Fünf, was die Zuversicht angeht, die nötigen Veränderungen umzusetzen. Gibt es noch andere Punkte, die Sie von der Zwei auf die Fünf bringen würden?"

P: „Na ja, wenn ich schon einmal fünf Kilo runter hätte, wäre das auch nicht schlecht."

A: „Ein Erfolg bei der Gewichtsreduktion wäre ein weiterer Schritt in Richtung Zuversicht. Was sonst noch?"

P: „Wenn ich merken würde, dass die Veränderungen den Blutdruck auch wirklich runterbringen, wäre auch ganz schön."

A: „Wenn die Blutdruckwerte messbar runtergehen, würde Ihnen das helfen, zuversichtlicher zu sein."

P: „Doch, das wäre sicher so."

A: „Das sind doch ganz konkrete Etappenziele für den Weg zu einer Sechs. Wenn Gewicht und Blutdruckwerte runtergehen und wenn Sie wieder aktiver Nichtraucher sind, dann wären Sie viel zuversichtlicher, dass Sie diese Lebensumstellungen meistern werden. Habe ich Sie da richtig verstanden? Fehlt da noch was?"

P: „Doch, das sehe ich auch so. Wenn ich diese Ziele schon erreicht hätte, dann wäre ich sicher bei einer Sechs."

A: „Dann wären Sie sich sicher, dass Sie auf dem Weg zum Erfolg sind."

P: „Ja genau. Aber ich bin mir immer noch nicht sicher, ob ich das auch wirklich schaffen kann."

A: „Das sieht immer noch wie eine große Herausforderung aus. Fast unmöglich. Wissen Sie, Herr Huber, von heute auf morgen geht das sicher nicht, man sagt ja auch, Rom wurde nicht an einem Tag erbaut. Wir sollten uns da einmal ganz genau anschauen, wie Sie sich einen Veränderungsplan zusammenstellen können, der Ihre Erfolgschancen erhöht. Wie Sie sich sozusagen ein paar Asse in den Ärmel stecken können. Wäre das was?"

P: „Sie meinen, das geht? Das wäre nicht schlecht."

A: „Doch, ich glaube, das können Sie schaffen. Wichtig wäre es, die Veränderung in kleine Schritte aufzuteilen, sodass Sie nicht überfordert sind. Wäre es okay, wenn wir die Zuversichtsskala einmal dabei belassen und uns der dritten Skala zuwenden, der Bereitschaft?"

In diesem ausführlicheren Dialog haben wir versucht, Ihnen zu zeigen, wie sich die MI-Kurzintervention um ein Arbeitsblatt aufbauen kann. Wir möchten an dieser Stelle auch nochmals darauf hinweisen, dass dieses Arbeitsblatt erst eingesetzt werden sollte, *nachdem* die Person eine Entscheidung für eine Veränderung getroffen hat.

---

**Übung 14: Selbsteinschätzung**

Übung in kollegialer Zweier- oder Dreiergruppe (mit Beobachter/in):

◢ Entwickeln Sie ein Szenario beziehungsweise nehmen Sie eine konkrete Person aus Ihrer Praxis als Grundlage.

◢ Üben Sie den Einsatz dieses Arbeitsblatts im Rollenspiel.

◢ Nehmen Sie für den Anfang eine einfache Situation und eine kooperative Person.

◢ Steigern Sie in Folge den Schwierigkeitsgrad.

---

### 3.2.4.1 Exploration früherer Erfolge

Gelegentlich begegnen wir Personen, deren Zuversicht durch wiederholte Misserfolge und Versagen derart untergraben ist, dass sie zwar von der Notwendigkeit einer Veränderung überzeugt sind, aber ihr Können, diese umzusetzen, beharrlich anzweifeln.

**ja aber …**     Um die Person aus dieser oft gebetsmühlenartigen Fokussierung auf ihre Unfähigkeit herauszuführen, hat es sich als hilfreich erwiesen, sie zu einer Exploration früherer Erfolge anzuregen. Ermutigen Sie die Person, sich an Veränderungen zu erinnern, die sie aus eigener Initiative und nicht auf Druck anderer unternommen hat. Untersuchen Sie dann gemeinsam, was die Person unternommen hatte, um diese Verhaltensänderung erfolgreich umzusetzen.

Hat der Patient Schwierigkeiten, eigene Erfolge zu berichten, kann es auch sinnvoll sein, ihn beschreiben zu lassen, was er von anderen Menschen erfahren hat, die in ähnlichen Situationen erfolgreich waren.

Ermutigen Sie die Person zu berichten, was den Veränderungsprozess auslöste. Was genau hat die Person getan, um den Prozess positiv zu fördern? Welche Schwierigkeiten und Hindernisse tauchten auf? Wie gelang es der Person, diese zu überwinden? Was sagt das über die persönlichen Stärken und Fähigkeiten der Person aus?

Geben Sie acht, hier nicht in die Frage-Antwort-Falle zu tappen. Es kann viel effektiver sein, wenn Sie die Person durch offene Fragen und Reflektieren animieren, über diese Erfolge ausführlich und mit Emotion zu berichten.

Im folgenden Beispiel geht es um einen Patienten, der an seiner Fähigkeit, die notwendigen Änderungen umzusetzen, zweifelt:

P: *„Ja, ja Frau Doktor, ich versteh das schon. Es ist sehr wichtig, etwas an meinen Cholesterinwerten zu ändern. Ich habe ja auch schon viel darüber gehört und gelesen. Aber es ist einfach zu viel, alle diese Dinge in meinem Leben zu ändern."*

A: *„Da fühlen Sie sich total überfordert, obwohl es Ihnen ganz klar ist, dass Sie etwas ändern müssen. Und Sie wollen ja auch etwas ändern. Sie wollen Ihre Cholesterinwerte verbessern."*

P: *„Ja, das Cholesterin will ich schon senken, aber alles, was ich dafür tun muss, das ist einfach zu schwer. Das ist zu viel."*

A: *„Die Cholesterinwerte zu verbessern, ist ein ganz klares Ziel. Dazu haben Sie sich fest entschlossen.* kurze Pause
*Herr Schmidt, bevor wir auf all die anderen Aspekte zu sprechen kommen, ist es okay, wenn ich diesen Entschluss einfach einmal heraushebe und Ihnen dafür Anerkennung ausspreche?"*

P: *„Heh? Wie, was meinen Sie jetzt damit, Frau Doktor?"*

A: *„Na, Herr Schmidt, einzusehen, wie wichtig es ist, die Cholesterinwerte zu normalisieren und sich für dieses Ziel fest zu entscheiden, ist schon eine anerkennenswerte Leistung. Sie glauben gar nicht, wie viele meiner Patienten sich mit dieser Sache schwer tun."*

P: *„Wichtig ist mir das schon. Ich will auch noch eine ganze Weile leben. Also ändern will ich ja schon was. Aber ich versuche das ja jetzt schon eine Weile, und ich kriege das einfach nicht hin."*

A: *„Diese Änderungen umzusetzen, fällt Ihnen schwer. Lassen Sie uns doch einmal eine Situation betrachten, in der Sie auch geschafft haben, etwas zu erreichen, das anfangs fast unmöglich erschien. Können Sie sich an eine solche Situation erinnern?"*

P: *„Ehrlich gesagt, das Schwierigste, was ich je geschafft habe, war, mit dem Trinken aufzuhören. Das war eine rechte Qual. Aber jetzt bin ich schon zwölf Jahre abstinent."*

A: *„Alle Achtung, das ist eine Leistung. Erzählen Sie mir doch mal, wie Sie das geschafft haben."*

P: *„Na ja, ich bin da in meiner Studentenzeit reingeschlittert. Viel Party gemacht, viel gefeiert, aber ich hab trotzdem einen guten Abschluss hinbekommen. Und dann ging das im Betrieb weiter. Viel Arbeit, harte Konkurrenz und auch einige fiese finanzielle Rückschläge. Da hab ich schon mal zu tief in die Flasche geschaut. Letztendlich hab ich dann mithilfe meiner Familie die Kurve gekriegt und eine Behandlung gemacht. Und das war jetzt vor zwölf Jahren."*

A: *„Was war daran schwer, und wie haben Sie das geschafft?"*

P: *„Das Schwerste war wohl zu lernen, nein zu sagen. Ich war mir anfangs gar nicht so bewusst, wo man überall Alkohol angeboten bekommt. Und die Leute lassen einem gar keine Ruhe, wenn man ablehnt, man bekommt es regelrecht aufgedrängt."*

A: *„Das Nein sagen haben Sie als recht schwierig erlebt."*

P: *„Ja, so war das anfangs. Da kamen mir die merkwürdigsten Gedanken. Es war mir peinlich, und ich hatte das Gefühl, die Aufmerksamkeit aller Anwesenden auf mich zu ziehen. Weil ich ja sonst auch immer mitgetrunken habe. Da ist mir immer ganz heiß unter dem Kragen geworden."*

A: *„Und wie haben Sie das in Erfolg umgewandelt?"*

P: *„Einfach war das nicht. Das können Sie mir schon glauben. Und es gab auch keine Patentlösung. Da musste ich mir eine ganze Werkzeugkiste anlegen."*

A: *„Eine Werkzeugkiste?"*

P: *„Ja, so haben die das in der Therapie genannt. Also es ging darum, sich auf verschiedene Situationen vorzubereiten. Manchen bin ich aus dem Weg gegangen, für andere habe ich mir einen genauen Plan ausgearbeitet, vor manchen Betriebsfeiern habe ich Medikamente genommen, die mit Alkohol unverträglich waren, und ich hab mir auch einen Brief geschrieben mit all den Punkten, warum ich keinen Alkohol mehr trinken will. Den hatte ich immer dabei. Sie glauben gar nicht, wie oft ich im ersten Jahr auf die Toilette bin und den Brief gelesen habe. Heute muss ich darüber schmunzeln, aber damals war das todernst."*

A: *„Der Erfolg war Ihnen so wichtig, da haben Sie alles unternommen, was notwendig war."*

P: *„Genau. Das war eine Sache von Leben und Tod."*

A: *„Da haben Sie nicht mit rumgespielt."*

P: *„Es gab da schon einige Ausrutscher, aber ich bin immer gleich wieder auf das Abstinenzfahrrad geklettert."*

A: *„Sie haben also eine äußerst schwierige Herausforderung gemeistert. Um diese Sache zu meistern, mussten Sie sich einiges einfal-*

*len lassen und ausprobieren. Das sagt doch viel darüber aus, dass Sie sich auch durch solch schwierige Herausforderungen nicht vom Ziel abhalten lassen. Wie könnte Ihnen das, was Sie damals zum Erfolg geführt hat, heute helfen?"*

P: *„Gute Frage. Da muss ich einmal drüber nachdenken."*

A: *„Aus dem Stehgreif ist diese Frage schwer zu beantworten. Darüber eine Weile nachzudenken, ist eine gute Idee. Herr Schmidt, wie wäre es, wenn Sie sich das bis zu unserem nächsten Termin durch den Kopf gehen lassen und aufschreiben, was Ihnen dazu einfällt? Wäre das ein Plan?"*

P: *„Doch, ich denke das geht."*

A: *„Dann lassen Sie uns doch für Anfang nächster Woche einen Termin ausmachen, und dann schauen wir weiter."*

P: *„Jawohl, das machen wir."*

In diesem Beispiel gelang es der Ärztin recht schnell, den Patienten auf eine positive Schiene zu bringen. In der alltäglichen Praxis ist es meist nicht so einfach, und die Patienten beharren viel hartnäckiger auf ihrem Ich-will-ja-aber-ich-kann-nicht-Standpunkt. Lassen Sie sich nicht aus der Ruhe bringen und bleiben Sie geduldig dabei, das Augenmerk des Patienten auf Stärken und Ressourcen zu lenken. *Alle* Patienten haben solch positive Erfahrungen gemacht. Es fällt ihnen aber oft schwer, sich an diese zu erinnern oder sich als Erfolge anzurechnen.

Zum Ende des Gesprächs haben wir noch den Trick mit der Hausaufgabe eingebracht. Bei einigen Patienten wird dies Erfolg haben, bei anderen werden Sie den Ball im nächsten Gespräch dann doch wieder aufgreifen müssen.

### Übung 15: Exploration früherer Erfolge

Übung in kollegialer Zweier- oder Dreiergruppe (mit Beobachter/in):

◢ Beschreiben Sie eine ähnliche Situation.

◢ Üben Sie die Intervention im Rollenspiel.

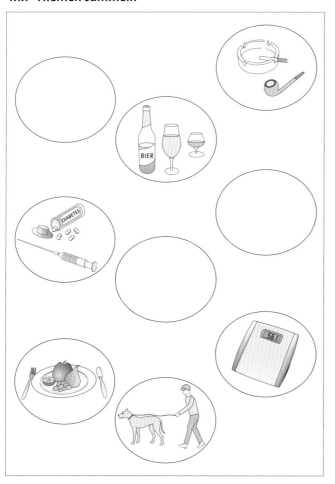

# 4 Anhang

## 4.1 Arbeitsblätter

### 4.1.1 Themen sammeln

### 4.1.2 Entscheidungswaage

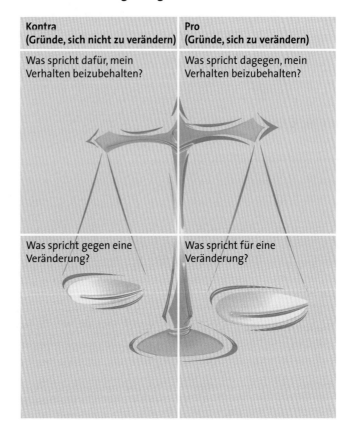

**Kontra**
**(Gründe, sich nicht zu verändern)**

Was spricht dafür, mein
Verhalten beizubehalten?

**Pro**
**(Gründe, sich zu verändern)**

Was spricht dagegen, mein
Verhalten beizubehalten?

Was spricht gegen eine
Veränderung?

Was spricht für eine
Veränderung?

## 4.1.3 Selbsteinschätzung

Das Wollen – Motivationsaspekt Absicht (Intention):
Einschätzung der **Wichtigkeit**

*„Auf einer Skala von null bis zehn, wie wichtig ist Ihnen diese Veränderung?"*

| 0 | 1 | 2 | 3 | 4 | 5 | 6 | 7 | 8 | 9 | 10 |
|---|---|---|---|---|---|---|---|---|---|----|
| überhaupt nicht wichtig | | igendwie wichtig | | ziemlich wichtig | | wichtig | | sehr wichtig | | extrem wichtig |

Das Können – Motivationsaspekt Fähigkeit (Selbstwirksamkeitserwartung):
Einschätzung der **Zuversicht**

*„Auf einer Skala von null bis zehn, wie zuversichtlich sind Sie, dass Sie diese Veränderung erfolgreich umsetzen können?"*

| 0 | 1 | 2 | 3 | 4 | 5 | 6 | 7 | 8 | 9 | 10 |
|---|---|---|---|---|---|---|---|---|---|----|
| überhaupt nicht wichtig | | igendwie wichtig | | ziemlich wichtig | | wichtig | | sehr wichtig | | extrem wichtig |

Die Umstände – Motivationsaspekt zeit- und situationsabhängige Bereitschaft:
Einschätzung der aktuellen **Bereitschaft**

*„Auf einer Skala von null bis zehn, wie bereit sind Sie, diese Veränderung jetzt umzusetzen?"*

| 0 | 1 | 2 | 3 | 4 | 5 | 6 | 7 | 8 | 9 | 10 |
|---|---|---|---|---|---|---|---|---|---|----|
| überhaupt nicht wichtig | | igendwie wichtig | | ziemlich wichtig | | wichtig | | sehr wichtig | | extrem wichtig |

## 4.2 Übersicht beispielhafter Äußerungen

Nachfolgend eine komprimierte Übersicht beispielhafter Äußerungen aus dem Text zur Illustration zentraler Strategien und Konstrukte.

### 4.2.1 Offene Fragen

▲ *Was führt Sie zu mir?*

▲ *Wie könnte ein nächster Schritt aussehen?*

▲ *Welche Gründe könnten denn Ihrer Meinung nach für oder gegen eine Gewichtsreduktion sprechen?*

▲ *Sie sagten, Sie haben sich ja schon Gedanken gemacht, wie Sie das Übergewicht angehen möchten – welche Ideen haben Sie denn, was Sie unternehmen könnten?*

▲ *Was sind denn Ihre Gedanken bezüglich einer Reha-Maßnahme?*

▲ *Wie war das denn früher mit dem Sport bei Ihnen?*

### 4.2.2 Reflektieren

#### 4.2.2.1 Einfache Reflexion

▲ *Da sind Sie noch etwas unschlüssig, wie Sie sich entscheiden sollen ...*

▲ *Hm, das entspannt Sie dann schon, so ab und zu eine Zigarette zu rauchen.*

#### 4.2.2.2 Komplexe Reflexion

Reflexion von Einstellungen und Gefühlen

▲ *Sie sind ganz empört, hierher geschickt zu werden – das ärgert Sie ziemlich.*

▲ *Da sind Sie ganz ratlos, wie Sie dieses Dilemma lösen können. Und am allerliebsten wäre es Ihnen, ich könnte das für Sie erledigen.*

▲ *Das klingt so, als sei Sport schon etwas ziemlich Wichtiges für Sie, das Ihnen eigentlich viel Spaß macht.*

▲ *Hm, das hat Sie etwas beunruhigt, da nicht mehr so gut den Berg hochzukommen.*

▲ *Das ist Ihnen richtig unangenehm, sich nicht mehr so fit zu fühlen wie früher.*

◢ *Wenn das so weitergeht, befürchten Sie, könnte sich da ein ernsthaftes Problem mit dem Alkohol entwickeln – und Sie möchten auf keinen Fall abhängig werden.*

Überzogene Reflexion

◢ *Also, so wie Sie das einschätzen, haben Sie eigentlich gar keine Probleme mit dem Gewicht.*

Doppelseitige Reflexion

◢ *Auf der einen Seite würden Sie schon gern wieder fitter sein, was ohne Rauchen besser ginge. Und auf der anderen Seite können Sie sich gerade gar nicht vorstellen, im Moment mit dem Rauchen aufzuhören, weil Sie so unter Druck stehen.*

## 4.2.3 Alternative Antwortoptionen

Betonen der Entscheidungsfreiheit

◢ *Wie und wann auch immer Sie sich entscheiden, liegt natürlich ganz in Ihrer Hand.*

◢ *Die Entscheidung darüber ist natürlich ganz Ihre Sache.*

◢ *… das bleibt natürlich jederzeit ganz allein Ihre Entscheidung.*

Reframing

P: *„Alle naslang legt meine Frau mir diese Nichtraucherratgeber hin!"*
Ä: *„Ihre Frau macht sich Sorgen um Sie wegen des Rauchens."*

Um Erlaubnis bitten

◢ *Bei dem, was Sie da sagen, kommen mir einige Bedenken. Dürfte ich Ihnen diese mitteilen?*

Bestätigen

◢ *Ich möchte Ihnen erst mal sagen, wie toll ich es finde, dass Sie so schnell zu mir gekommen sind. Ich kann mir vorstellen, dass Ihnen das Ganze vermutlich ziemlich unangenehm ist und wie viel Überwindung Sie das gekostet haben muss, trotzdem herzukommen. Sie haben genau das Richtige gemacht, so schnell nach dem Ausrutscher zu kommen!*

### 4.2.4  Problematische Kommunikationsmuster

Ratschläge/Lösungsvorschläge
- *Ich würde Ihnen dringend raten abzunehmen. Sie könnten sich doch vielleicht in einem Fitnesscenter anmelden oder auch regelmäßig walken – da gibt es zum Beispiel auch recht gute Kurse, die von der Krankenkasse bezahlt werden.*
- *Sie sollten unbedingt kürzer treten im Beruf! Haben Sie sich denn schon einmal überlegt, in Altersteilzeit zu gehen?*
- *Ab und zu auf ein Bier verzichten, bringt Ihnen nicht viel. Da hilft nur, mindestens eine Zeitlang gar keinen Alkohol mehr zu trinken.*

Bagatellisieren
- *Die Furcht vor Nebenwirkungen ist völlig unbegründet, da müssen Sie sich wirklich keine Sorgen machen!*

Diagnostizieren
- *So wie das aussieht, sind Sie alkoholabhängig.*

### 4.2.5  Change-Talk

Nachteile des Status quo
- *Jetzt wurde mir schon wieder der Führerschein entzogen!*
- *Wenn ich so weitermache, dann lande ich noch im Rollstuhl.*
- *… das geht so echt nicht mehr weiter.*

Vorteile/Gründe für eine Veränderung
- *Es wäre schon toll, wieder fitter zu sein – ich würd schon gern den Halbmarathon im März schaffen.*
- *Der Job in Dubai wäre absolut mein Ziel! Doch da checken die natürlich ganz genau die Gesundheit und die Blutwerte und so …*
- *Meine Kinder stehen an erster Stelle, das ist mir echt wichtiger als alles andere.*

Zuversicht bezüglich einer Veränderung
- *Mit dem Rauchen aufzuhören, das hat so gut geklappt, dann krieg ich das mit dem Abnehmen wohl auch noch hin.*
- *Wenn ich mir was vornehme, dann schaff ich das auch!*

Veränderungsabsicht/Selbstverpflichtung

◢ *Wenn das Baby kommt, werde ich auf jeden Fall mit dem Rauchen aufhören.*

◢ *Ich muss jetzt endlich was für meine Gesundheit tun, mindestens zehn Kilo müssen runter!*

## 4.3 Übersicht der Übungen

Übung 1:  Typische Patienten (S. 2)
Übung 2:  Kleinschrittlernen/Shaping (S. 19)
Übung 3:  MI-Grundhaltung (S. 40)
Übung 4:  Empathisches Zuhören (S. 45)
Übung 5:  Widerstand (S. 53)
Übung 6:  Offene Fragen stellen (S. 61)
Übung 7:  Reflektieren (S. 72)
Übung 8:  Change-Talk/Veränderungssprache (S. 77)
Übung 9:  Problematische Kommunikationsmuster (S. 85)
Übung 10: Eröffnungszüge (S. 91)
Übung 11: Vom Hölzchen aufs Stöckchen (S. 92)
Übung 12: Themen sammeln (S. 99)
Übung 13: Entscheidungswaage (S. 104)
Übung 14: Selbsteinschätzung (S. 112)
Übung 15: Exploration früherer Erfolge (S. 115)

# Literaturverzeichnis

Bartlett EE et al., The effects of physician communications skills on patient satisfaction; recall and adherence. Journal of Chronic Diseases (1984), 37, 755–764

Berner M et al., Möglichkeiten der Frühintervention bei alkoholbezogenen Störungen in der hausärztlichen Praxis. Suchttherapie (2004), 5, 70–75

Bien TH, Miller WR, Tonigan JS, Brief interventions for alcohol problems: A review. Addiction (1993), 88, 315–336

Brueck R, Mann K (2007) Alkoholismusspezifische Psychotherapie. Manual mit Behandlungsmodulen. Deutscher Ärzte-Verlag, Köln

Brueck RK et al., Psychometric properties of the German version of the Motivational Interviewing Treatment Integrity Code. JSAT (2009), 36 (1), 44–48

DiClemente CC, Prochaska JO (1998) Toward a comprehensive, transtheoretical model of change: Stages of change and addictive behaviors. In: Miller WR, Heather N, Treating Addictive Behaviors, 2. Ed., 3–24. Plenum Press, New York

Dunn C, Deroo L, Rivara FP, The use of brief interventions adapted from motivational interviewing across behavioural domains: a systematic review. Addiction (2001), 96, 1149–1160

Ehrenreich H et al., OLITA – an alternative in the treatment of therapy-resistant chronic alcoholics. First evaluation of a new approach. European Archives of Psychiatry and Clinical Neuroscience (1997), 247, 51–54

Elwyn G, Edwards A, Kinnersley P, Shared decision making in primary care: The neglected second half of the consultation. British Journal of General Practice (1999), 443, 477–482

Frick K, Berner M, Abstinent mit spezifischen ambulanten Therapiekonzepten. INFO Neurologie & Psychiatrie (2007), Vol. 9, Nr. 6, 30–36

Grawe K (2004) Neuropsychotherapie. Hogrefe, Göttingen

Härter M, Loh A, Spies C (Hrsg.) (2005) Gemeinsam entscheiden – erfolgreich behandeln – Neue Wege für Ärzte und Patienten im Gesundheitswesen. Deutscher Ärzte-Verlag, Köln

Hüther G (2006) Brainwash – Einführung in die Neurobiologie. DVD. Auditorium Netzwerk, Müllheim

John U et al. (1996) Prävalenz und Sekundärprävention von Alkoholmissbrauch und -abhängigkeit in der medizinischen Versorgung. Nomos, Baden-Baden

Loeber S, Mann K, Entwicklung einer evidenzbasierten Psychotherapie bei Alkoholismus. Der Nervenarzt (2006), 5, 558–566

Miller WR et al. (1998) A Wealth of Alternatives. Effective Treatments for Alcohol Problems. In: Miller WR and Heather N, Treating Addictive Behaviors (2. Ed.), 203–216. Plenum Press, New York

Miller WR et al., Enhancing motivation for change in problem drinking. A controlled comparison of two therapist styles. JCCP (1993), 61 (3), 455–461

Miller WR, Rollnick S (2004) Motivierende Gesprächsführung. Lambertus, Freiburg

Miller WR, Sanchez VC (1994) Motivating young adults for treatment and lifestyle change. In: Howard G (Ed.), Issues in alcohol use and misuse by young adults, 55–82. University of Notre Dame Press, Notre Dame, Indiana

Moyers TB et al., Assessing competence in the use of motivational interviewing. JSAT (2005), 28, 19–26

Noonan WC, Moyers TB, Motivational interviewing: a review. J Subst Misuse (1997), 2, 8–16

Prochaska JO, DiClemente CC (1998) Comments, Criteria, and Creating Better Models. In: Miller WR and Heather N, Treating Addictive Behaviors (2. Ed.), 39–45. Plenum Press, New York

Project MATCH Research Group, Matching alcoholism treatments to client heterogeneity: Project MATCH posttreatment drinking outcomes. J Stud Alcohol (1997), 58, 7–29

Rogers CR (1989) Client-centered psychotherapy. In: Kaplan I, Sadock BJ, Freedman AM, Comprehensive textbook of psychiatry (Vol. III), 2153–3168. Williams & Wilkins, Baltimore

Rogers CR, The necessary and sufficient conditions of the therapeutic personality change. Journal of Consulting Psychology (1957), 21, 95–103

Roth G (2002) Das verknüpfte Gehirn. Bau und Leistung neurobiologischer Netzwerke. DVD. Auditorium Netzwerk, Müllheim

Rumpf HJ et al. (2000) Kurzinterventionen bei alkoholbezogenen Störungen. In: Deutsche Hauptstelle gegen die Suchtgefahren (Hrsg.), Individuelle Hilfen für Suchtkranke – Früh erkennen, professionell handeln, effektiv integrieren, 211–219. Lambertus, Freiburg im Breisgau

Scales R et al., Impact of motivational interviewing and skills-based counseling on outcomes of cardiac rehabilitation. JCRP (1997), 17 (5), 328

Smith DE et al., Motivational interviewing to improve adherence to a behavioral weight-control program for older obese women with NIDDM: A pilot study. Diabetes Care (1997), 20 (1), 53–54

Spitzer M (2006) Was bringt uns die neurobiologische Forschung für die Psychotherapie der Sucht? DVD. Auditorium Netzwerk, Müllheim

Vasilaki EI, Hosier SG, Cox WM, The efficacy of motivational interviewing as a brief intervention for excessive drinking: a meta-analytic review. Alcohol Alcohol (2006), 41 (3), 328–335

# Stichwortverzeichnis